Herausgegeben von Manfred Gößinger
Mit einem Vorwort von Peter-Michael Diestel

Sportler über
Heinz Florian
OERTEL

Nennen Sie Ihre Söhne Waldemar!

DAS NEUE BERLIN

Inhalt

Auch in Dunkeldeutschland gab es lichte Gestalten

Heinz Florian Oertel wird 85 Jahre alt. Fast alle im Osten kennen ihn, und fast alle im Westen kennen ihn nicht. Diese Tatsache erscheint wie ein letztes Relikt der deutschen Teilung.

Das Jubiläum hat mich angehalten, über einen Mann, den ich viele Jahre kenne und der eines meiner Vorbilder ist, nachzudenken, und ich habe meine Gedanken aufgeschrieben.

Die sympathische baritonale Stimme Oertels gehört zu meinen Kindheitserinnerungen. In einer Zeit, in der Meisterschaften der DDR, Leichtathletikwettkämpfe, Europa- und Weltpokale, Olympische Spiele usw. in der Regel am Radio verfolgt wurden, galten seine Reportagen als Gemeingut. Einen Fernseher hatten wir nicht, das hielten meine Eltern nicht für zweckmäßig. So ist das sportliche Interesse unserer Familie konsequent mit dieser berühmten Stimme verbunden, und ich bin mir sicher, dass es vielen Menschen aus der DDR ebenso ergangen ist.

Nach der Wende lernten wir uns kennen, ich weiß nicht mehr, bei welchem Anlass, jedoch weiß ich, dass für mich jedes unserer zahlreichen Gespräche bereichernd war und ich immer den Wunsch hatte, wenn ich einmal so alt sein würde, auch eine so gerade Haltung zu haben, sowohl im Kopf als auch körperlich.

Dann geschah das, was nach dem Lauf der Dinge geschehen musste. Ich bekam die Aufgabe, Heinz Florian Oertel anwaltlich zu beraten und zu vertreten. Was war passiert?

Im Rahmen der Delegitimierung der ostdeutschen Eliten – diesen Blödsinn hatten sich dümmliche Politiker aus dem Westen einfallen lassen – war auch Heinz Florian Oertel dran, denn es konnte ja nicht sein, dass es hier eine sportpolitische oder sogar sportkulturelle Lichtfigur gab, die nicht charakterlose, stasimäßige Verstrickungen aufwies. So wurde ein Literat, der keiner war, ins Rennen geschickt, um in den Resten der Stasi-Akten, die eine riesige Behörde verwaltet, etwas Korrumpierendes zu finden. Da nichts gefunden wurde – was an sich schon suspekt erscheint –, wurde Vorhandenes passend gemacht und eine Lügenkampagne losgetreten, die ihresgleichen nur im Osten findet – wie bei Stefan Heym, Christa Wolf und vielen anderen. Aber die Schreiberlinge hatten ihre Machenschaften nicht gut genug vorbereitet und dabei das rechtsstaatliche Handeln deutscher Gerichte außer Acht gelassen. Es waren für mich durchaus die glücklichsten Stunden in meinem anwaltlichen Leben, Heinz Florian Oertel – in der Regel gemeinsam mit Rechtsanwalt Dr. Sven Krüger – vor Gericht zu vertreten. Wir haben ausnahmslos offen und differenziert streiten dürfen und hatten somit eine hervorragende Grundlage, sein Ansehen zu schützen.

Mir ist noch sehr gut in Erinnerung, mit welchem großen Respekt vor der Lebensleistung des damals schon achtzigjährigen Heinz Florian Oertel die Richter der Gerichte, aber auch die Anwälte der jeweiligen Gegenseite mit meinem Freund und Mandanten umgegangen sind. Deutlich vor Augen habe ich das Bild, als der Vorsitzende Richter des Berliner Oberverwaltungsgerichtes meinem Mandanten eine Flasche Selters brachte, und niemand im Saal wäre auf die Idee gekommen, diese Geste für unangebracht zu halten. Wenn dann Heinz Florian Oertel, mit über 1,90 m Körpergröße, im Gerichtssaal aufstand – Ehrfurcht und Respekt vor dem Gericht veranlassten ihn dazu –, waren es für alle Prozessbeteiligten Sternstunden ihrer Berufsausübung, ihm zuzuhören.

Als Heinz Florian Oertel als Sportreporter berühmt wurde, konnte sportliches Wissen nicht mit Computern aufgearbeitet werden, weil es diese nicht gab. Trotzdem war er immer bestens vorbereitet. Auch für diesen Fleiß und diese Sorgfältigkeit bewundere ich ihn.

Ich habe Heinz Florian Oertel erlebt in einer Zeit, als ihm das Schlimmste passiert ist, was einem Vater passieren kann. Da auch ich als Vater einen solchen Schicksalsschlag erlitten habe, fragte ich mich immer, wie kann er es, ohne im christlichen Glauben zu stehen, tragen? Aber er hat es getragen, mit seiner riesigen Kraft und seiner großen Selbstbeherrschung.

Heinz Florian Oertel ist mein Vorbild, und ich möchte so sein wie er und weiß, dass ich hierzu noch einen weiten Weg habe. Ich möchte ihn noch lange beobachten, damit ich auf diesem Weg weiterkomme, und wünsche ihm deshalb aus tiefem Herzen Gottes Segen.

Dr. Peter-Michael Diestel

PS: Auch die Dissertation meines Freundes hält heute noch jeder inhaltlichen Prüfung stand, nicht zu reden von jenen, die in Bayreuth stattfinden.

Zu diesem Buch

Einmal angenommen, es gäbe jemanden, dem der Name Heinz Florian Oertel nichts sagt. Ein schneller Blick ins Wikipedia-Lexikon würde ihn aufklären: »Heinz Florian Oertel (geboren am 11. Dezember 1927 in Cottbus) ist ein ehemaliger deutscher Reporter, Moderator und Schauspieler. Er war jahrzehntelang als Sportkommentator im Hörfunk und im Fernsehen der Deutschen Demokratischen Republik tätig und bei den Hörern und Zuschauern außerordentlich populär.«

Ich vermute aber, zumindest im Osten wird niemand nachschlagen müssen, und behaupte außerdem, dass bei einer Umfrage »Was wissen Sie über Heinz Florian Oertel?« wahrscheinlich neun von zehn Leuten sein »Waldemar-Kommentar« von den Olympischen Spielen 1980 in Moskau einfiele.

Wenn man sich vor Augen hält, dass Du, lieber Heinz Florian, von siebzehn Olympischen Spielen, acht Fußballweltmeisterschaften, fünfundzwanzig Eiskunstlauf-Europa- und Weltmeisterschaften, Nordischen Skiweltmeisterschaften, Leichtathletik-Europa- und Weltmeisterschaften und siebzehn Friedensfahrten berichtet hast, dann steht das für ein sehr erfülltes Reporterleben. Aber da sind auch noch Deine Ausflüge in die Unterhaltung, die mit »Schlager aus Berlin« begannen und sich über »Schlager einer kleinen Stadt« zu »Schlager einer großen Stadt« entwickelten und für die Du in den großen Metropolen Europas unterwegs warst. Nicht zu vergessen Deine Talkrunde »Porträt per Telefon«, lange bevor Talksendungen Mode wurden. Und Deine Rundfunksendungen, die so wunderbar Sport und Unterhaltung zusammenbrachten ...

Übrigens: Deine Liebe zu den Langstreckenläufern wurde schon lange vor Waldemar Cierpinskis zweitem Olympia-Gold geboren. 1952 in Helsinki war es Emil Zatopek, die tschechische Lokomotive aus Prag , der Dich mit seinen Leistungen in den Bann zog und fortan für diese Sportart begeisterte. Ihr seid Freunde geworden, und Du hast Emil und seine Frau Dana mehrmals in der goldenen Stadt an der Moldau besucht. Ich bin mir auch sicher, dass Du Emil seine goldenen Läufe genauer rekonstruiert und analysiert hast, als er selber sie in Erinnerung hatte. Den Mittel- und Langstreckenläufern gehörte Deine große Liebe, vielleicht auch, weil sie Dir die Zeit für Deine wunderbaren Kommentare und prachtvollen Sprachbilder gaben, wie nur Du sie fabulieren konntest.

In der langen Zeit unserer Bekanntschaft haben sich unsere Wege – Deiner als Reporter und »Botschafter des Sports« mit meinem als Fotograf – manches Mal gekreuzt. Wenn Du hier im Buch Beiträge findest, in denen Du als der am gesündesten lebende Lausitzer bezeichnet wirst, kann ich das aus eigener Erfahrung bestätigen. Als wir uns einmal in Pankow in einer Gaststätte getroffen haben, bestelltest Du ein Glas Milch. Alle hinter dem Tresen, einschließlich Küchenpersonal, sahen zu uns. Nach einer Weile bekamen wir unsere Bestellung, ich meinen Kaffee und Du Dein Glas Milch, und hinter der Serviererin stand das Personal, angefangen vom Chefkoch bis zu den Hilfskräften, Schlange und wollte ein Autogramm von Dir. Ja, so ist das, wenn man mit Heinz Florian unterwegs ist.

Bis heute hält Dich Deine Neugier in Bewegung. Wir sind beide einmal nach Lanz gefahren, das kleine Dorf in der Prignitz. Ja, wir haben auch die Störche nisten sehen, aber das war nicht der eigentliche Grund. Uns zog es zu der Wiege von Friedrich Ludwig Jahn, dem Turnvater. Wir haben uns durch die Gedenkstätte führen lassen, und Du hattest viele Fragen. Vor dem Museum standen Turngeräte, wie sie Jahn einst entwickelt hat, etwas robuster als die heute üblichen. Ich hab Dich auf so einem »Ur-Pferd« fotografiert – okay, Köste, Brückner, Kroll, Hambüchen haben da Dir gegenüber einige Haltungsvorteile, aber mit Deiner Lust auf Neues, am Entdecken, da bist Du unbestritten nach wie vor Spitze!

Florian, Dein intensives Berufsleben hat sich seit einigen Jahren verändert, Dein Hauptaugenmerk lag mehr auf dem Schreiben von Büchern, die Dir alle eine große Resonanz brachten. Lesereisen führten Dich wieder durch die Lande, aber es war und ist nur noch die Kür, keine Pflicht mehr. Es ist seltener geworden, dass Du ein Mikrofon in die Hand nimmst, aber auch ohne dieses ist Dir die Aufmerksamkeit der Menschen gewiss, das gilt nicht nur für die Sportler.

Das ist das Stichwort: Ich habe ehemalige Spitzensportler, darunter auch einige Trainerinnen und Trainer, eingeladen, anlässlich Deines runden Geburtstages über ihre Sicht auf Dich zu schreiben. Früher war es umgekehrt. Und weil im Sport – wer wüsste das besser als Du? – Fakten, Zahlen, Statistiken immer interessant sind, will ich das von den hier zu Wort Kommenden gesammelte Edelmetall auflisten. Dabei habe ich mich auf die bei Europa- und Weltmeisterschaften und Olympischen Spielen gewonnenen Medaillen beschränkt. Trotzdem ist dabei eine beeindruckende Zahl zusammengekommen: 177 Gold-, 99 Silber-, 74 Bronzemedaillen – also insgesamt 350 Mal Edelmetall – umrahmen die Grüße der Sportler an Dich. Vor allem aber: Sie kommen von Herzen.

In der Antike wurden Lorbeerkränze verliehen als Zeichen der Ehre für Dichter, Helden und Sieger in sportlichen Wettkämpfen. Florian, Du wärest ein würdiger Träger eines Lorbeerkranzes, und ich bin mir ganz sicher, dass die hier im Buch vertretenen Sportlerinnen und Sportler und Trainer der gleichen Meinung sind.

Manfred Gößinger

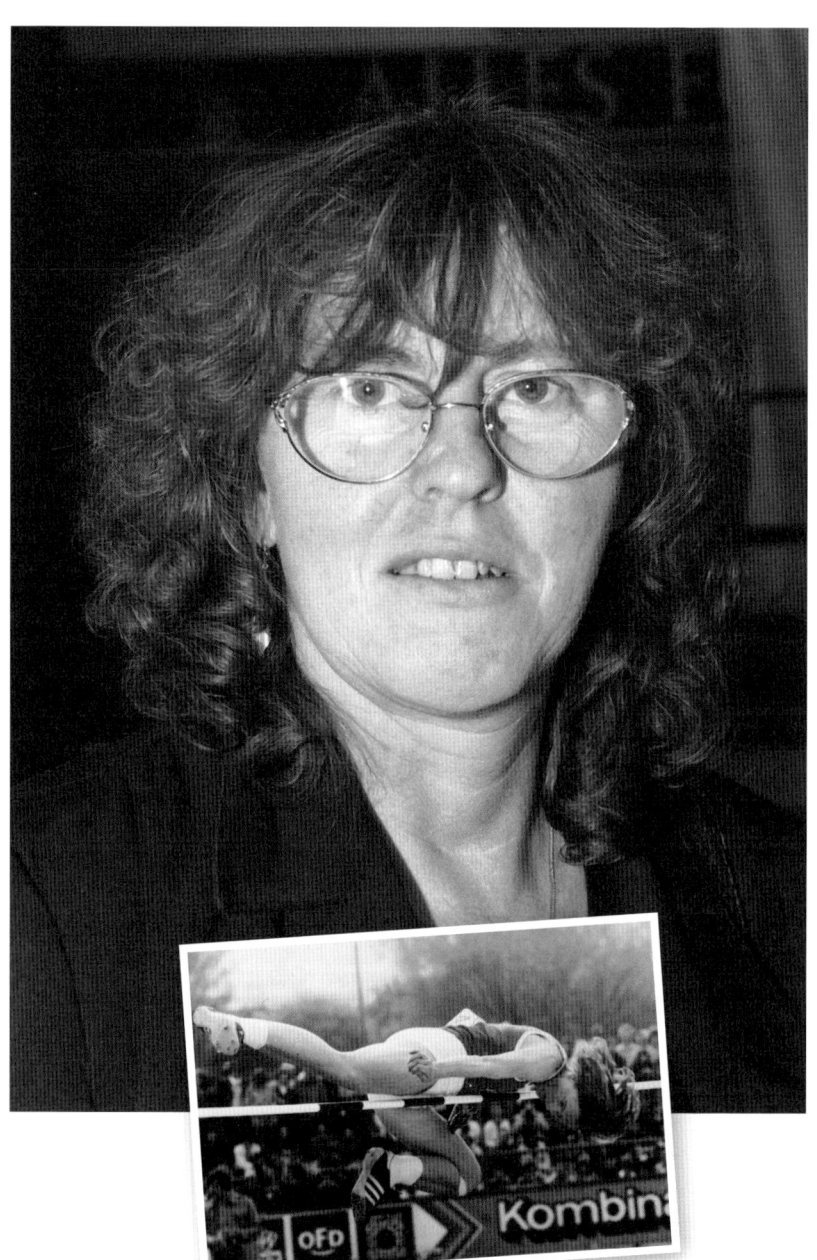

Rosemarie Ackermann

Olympiagold 1976 in Montréal. 1977 »Sportlerin des Jahres« und »Europas Sportlerin des Jahres«. Übersprang als erste Frau die 2-Meter-Höhe

Hallo lieber Florian, uns verband viele Jahre die Leidenschaft für den Sport: mich als Aktive in den Stadien und Dich als Reporter hinter dem Mikrofon. Du hast meine, unsere sportlichen Leistungen den Menschen am Bildschirm oder am Radio in Deiner ganz persönlichen, herzlichen und sehr fachkundigen Art nahegebracht.

Dabei stand für Dich nie nur der Sportler, sondern immer der Mensch im Mittelpunkt, dem Du Deine Hochachtung gezollt hast. Wir Sportler haben das nicht nur geschätzt, sondern auch genossen ... wie die Menschen vor dem Bildschirm. Das hat mit zu Deiner großen Popularität beigetragen und Dir Sympathie von allen Seiten eingebracht, auch, weil Du immer mit beiden Beinen auf dem Boden geblieben bist und nie abgehoben hast ...

Zu den Sportlern aus Deiner, unserer Heimat – wie beispielsweise Birgit Radochla, Gunhild Hoffmeister, Ulrike Klapezyinski (Bruns), Hans-Joachim Hartnick, Bernd Drogan, Lutz Heßlich, Ulrike Klotz, Carsten und Gloria Siebert und auch zu mir – hattest Du schon immer ein besonderes Verhältnis und hast jede Möglichkeit genutzt, um neben unseren sportlichen Erfolgen auch immer Daten und Fakten über Cottbus, den Spreewald, die Lausitz zu vermitteln. Warum bist Du eigentlich kein Spreewald-Botschafter geworden?

Lieber Florian, ich wünsche Dir zu Deinem 85. Geburtstag von Herzen alles, alles Gute, vor allem viel Gesundheit und dass Du weiterhin vielen Menschen mit Deinem großen Sport- und Allgemeinwissen Freude bereitest. Und ich als Lausitzerin wünsche mir natürlich, dass Dich Dein Weg noch oft in unsere schöne Heimat führt.

WOLFGANG BEHRENDT

Goldmedaille in Melbourne 1956 und damit erster Olympiasieger der DDR

Lieber Florian, natürlich weißt Du noch, dass wir uns Ende November 1956 zu den Olympischen Sommerspielen im australischen Melbourne kennenlernten und gemeinsam Beethovens »Freude schöner Götterfunken« anhörten. Du am Reportermikrofon – eine der wenigen Gelegenheiten, wo Du einmal nicht zu hören warst –, ich im Boxring. Es war die Zeit des Kalten Krieges, und deshalb durfte nicht unsere Nationalhymne gespielt werden, wie es normalerweise für meinen Olympiasieg über den Südkoreaner Sun Chong Song üblich gewesen wäre. Es war den Umständen geschuldet, schließlich durften die DDR und die BRD nur als eine gemeinsame deutsche Olympiamannschaft starten, elf Jahre nach dem Ende des von Nazideutschland ausgelösten Zweiten Weltkrieges.

Vom australischen Sommer 1956 – bei uns in Mitteleuropa war Vorweihnachtszeit – bis heute haben wir uns nie aus den Augen verloren: gemeinsame Foren, Buchlesungen mit Trompetenbegleitung, Fotoreportagen, Reisen durchs Land und auch einfach nur gemütliche Stunden – viel Zeit, die wir miteinander verbrachten.

Was ich an Dir, lieber »Flori«, und da stehe ich mit meiner Meinung garantiert nicht allein, am meisten schätze und bewundere, ist Dein Lexikonwissen an Namen, Zahlen, Ereignissen und Dein stets höflicher, freundlicher, respektvoller Umgang mit all Deinen Mitmenschen. Bleibe uns noch lange erhalten!

Lass Dir ganz herzlich und natürlich sportlich gratulieren, Dir bei bestmöglicher Gesundheit noch viele fröhliche Stunden im Kreis Deiner Lieben wünschen – Dich vergisst man nie.

In aller Freundschaft

Barbara Beyer-Petzold

Doppel-Olympiasiegerin im Skilanglauf über 10 Kilometer und mit der Staffel 1980 in Lake Placid

Lieber Heinz Florian Oertel,
als ich von Ihrem bevorstehenden runden Geburtstag erfuhr, ist mir bewusst geworden, wie schnelllebig die Zeit ist. Meine größten Erfolge liegen schon über 30 Jahre zurück, und Sie als Kommentator haben mir dafür verbale Siegerkränze am Mikrofon »geflochten«. Wenn man sich die Videos von damals wieder anschaut und Ihre Kommentare hört, dann fällt einem der Unterschied zur heutigen Berichterstattung auf, und man versteht, warum Sie so oft zum Publikumsliebling gewählt wurden. An dieser Stelle möchte ich mich noch einmal bei Ihnen bedanken für die wundervolle rhetorische Begleitung meiner aktiven Sportlerlaufbahn, die besonders meine Freunde und Familie zu Hause am Fernsehgerät genossen haben und mir nach meiner Heimkehr immer wieder per Video vorspielten. An unsere Interviews kann ich mich leider nicht mehr im Detail erinnern, da ich in diesen Momenten immer noch mit einem Adrenalinüberschuss im Blut zu kämpfen hatte und auf einer Woge des Glücks schwamm. Außerordentlich bewundernswert war stets Ihr Fachwissen über die jeweilige Sportart und jeden einzelnen Athleten. In meinem Büro hängen die Urkunden meiner olympischen Goldmedaillen in Lake Placid, und wenn ich Besuchern oder Mandanten davon erzähle, fällt auch der Name Heinz Florian Oertel ab und an ...
Ich gratuliere ihnen ganz herzlich und wünsche Ihnen weitere erfolgreiche Jahre bei bester Gesundheit.

MARIANNE BUGGENHAGEN

Neun Goldmedaillen bei fünf Teilnahmen an den Paralympics. Mehrfache Weltmeister- und Europameisterin. 1994 von der ARD zur »Sportlerin des Jahres« gewählt

Ich bin einst von Ueckermünde nach Berlin gekommen, um eine erfolgreiche Volleyballspielerin zu werden. Leider gelang mir das nicht. Seit 1976 sitze ich im Rollstuhl. Aber da mein Interesse an sportlichen Aktivitäten immer vorhanden war, habe ich viele Sportveranstaltungen verfolgt, meist vor dem Fernsehgerät. Da ist mir natürlich die wohltuend faire und sachlich-kompetente Art von Heinz Florian Oertel aufgefallen, allerdings konnte ich mir nicht vorstellen, diese Reporterikone einmal selbst kennenlernen zu dürfen. Das geschah nach der Wende in den 90er Jahren beim Friedenslauf, der damals in Berlin stattfand. An diesem Lauf durften auch behinderte Sportler teilnehmen, und die Veranstaltung wurde von Heinz Florian Oertel kommentiert. Obwohl wir Rollstuhlfahrer erst nach den »normalen« Läufern gestartet sind, hat er auch unsere Teilnahme am Friedenslauf kommentiert.

Nach diesem Friedenslauf haben sich unsere Wege des Öfteren gekreuzt, und obwohl er in seiner beruflichen Laufbahn nie direkt mit dem Behindertensport zu tun hatte, hat er sich zunehmend dafür interessiert.

Sehr schade fand ich es, dass Heinz Florian Oertel im Dezember 1994 bei meiner Auszeichnung als »Sportlerin des Jahres« vor Franziska van Almsick und Steffi Graf nicht dabei sein konnte. Er hätte sich bestimmt nicht nur mit mir darüber gefreut, sondern garantiert auch die richtigen Worte gefunden, was einigen der dort anwesenden Journalisten nicht gelang.

Zu einer großen Überraschung für mich und meine Familie kam es 2003 in Berlin-Buch, als das dortige Sonderpädagogische Förderzentrum für Körperbehinderte meinen Namen erhielt – und seither »Ma-

Im Trainingslager in Lana (Südtirol)

rianne-Buggenhagen-Schule« heißt. Dass Heinz Florian Oertel die Laudatio halten würde, hatte ich vorher nicht gewusst. Es ging ihm in dieser Zeit nicht so gut – man merkte ihm die Probleme nach seiner Hüftoperation an –, und ich habe mit ihm gelitten, als er sich immer wieder am Rednerpult festgehalten hat, um seine Schmerzen in den Griff zu bekommen.

Die Kinder waren natürlich begeistert, dass so ein berühmter Redner gekommen war. Eigentlich hat Heinz Florian mir an diesem Tag etwas die »Show gestohlen« ... Aber da er sich immer für den Behindertensport einsetzte und es auch heute noch macht, konnte ich es »verschmerzen«. Heinz Florian hat jede Gelegenheit genutzt, um auf unseren Sport hinzuweisen und für unsere Anerkennung und Verständnis zu werben, beispielsweise auch im Buch über die Olympischen Sommerspiele 2004 in Athen. Darin hat er mich ausführlich interviewt und dadurch sehr viel Aufmerksamkeit für die anschließenden Paralympics geweckt – Danke!

Heinz Florian war auch interessierter Zuschauer im Sportforum Berlin, als es einen Vergleich Behinderter gegen Nichtbehinderte gab. Während ich in meinen üblichen Wurfstühlen saß und Kugel und Diskus warf, versuchten es dann auch unter anderem die Olympiasieger Udo Beyer und Ulf Timmermann aus den Behinderten-Stühlen und mussten sich geschlagen geben.

Heinz Florian, ich und auch mein Mann Jörg möchten Dir danken für das Interesse und das Verständnis für unseren Behindertensport. Die Begegnungen mit Dir waren und sind hoffentlich auch weiterhin eine Bereicherung unseres Lebens, die wir nicht missen möchten! Herzliche Glückwünsche zu Deinem Ehrentag, natürlich Gesundheit und dass Du in Zukunft mal den Weg von Pankow zu uns nach Bernau finden wirst.

WALDEMAR CIERPINSKI

Zweifacher Olympiasieger im Marathonlauf 1976 in Montreal und 1980 in Moskau

Eigentlich wollte ich mich bei meiner ersten Begegnung mit Heinz Florian Oertel schlafend stellen und meine Ruhe haben. Es war in einem Bus in Norwegen, der uns vom Holmenkollen ins Bisletstadion fuhr. Aber es kam ganz anders. Heinz Florian setzte sich neben mich, und wir kamen ins Gespräch. Er erkundigte sich intensiv nach meinem Befinden, und ich habe ihm auch meine Sorgen erzählt. Damals bin ich über 3000 Meter Hindernis an den Start gegangen. Mein Einsatz in Oslo war für mich eine Premiere. Heinz Florian hat mir während dieser Busfahrt viel vom Langstreckenlauf erzählt und von seinen Protagonisten vorgeschwärmt; ganz oben auf seiner Beliebtheitsskala stand Emil Zatopek, dessen Goldläufe er bereits zu den Olympischen Spielen in Helsinki 1952 kommentierte. Das hat großen Eindruck bei mir hinterlassen. Die Leidenschaft und Kompetenz von Heinz Florian und auch die Übereinstimmung unserer Wertvorstellungen haben uns einander sehr nahe gebracht.

Ende 1975 schien mein leistungssportliches Ende gekommen zu sein, ich wurde aus dem Nationalkader genommen. Ich beriet mich mit meiner Frau Maritta, und gemeinsam starteten wir das Projekt Marathon – erst neun Wochen vor dem Beginn der Olympischen Spiele hatte ich mich dafür qualifiziert! Ich ging in Montreal als Außenseiter an den Start, hatte aber in der Vorbereitung genau die Läufe des US-amerikanischen Titelverteidigers Frank Shorter analysiert. Anfangs lief das Rennen normal, der Name Cierpinski tauchte nicht auf ... Aber dann, im letzten Drittel, bestimmte auch mein Name mit die Kommentare der Journalisten. Als ich schließlich als Erster das Stadion erreichte, wurde ich von den Kampfrichtern etwas irritiert, denn es war unklar, ob ich im Stadion gleich die Ziellinie überqueren oder noch eine Runde laufen musste. Sicherheitshalber lief ich die

Runde noch, und so entstand die kuriose Situation, dass ich, der Sieger, im Ziel vom Zweiten, Frank Shorter, empfangen wurde. Er gratulierte mir als Erster. Bei diesem Olympiasieg empfahl Heinz Florian den werdenden Vätern noch nicht meinen Vornamen, aber auch sein damaliger Kommentar hat mich sehr stolz gemacht. Er hat vor Begeisterung meine letzten Schritte im Stehen kommentiert und das dem Publikum auch mitgeteilt: »Denn, wenn ich stehend mich verbeuge, wird die Verbeugung tiefer ...« Was die Wenigsten wissen: Eigentlich wollte ich nach Montreal 1976 meine leistungssportliche Laufbahn beenden, aber dann erhielt ich waschkörbeweise Post. Eines Tages besuchte mich Heinz Florian in unserer Neubauwohnung in Halle-Süd, es ging um die Vorbereitung meines Auftrittes in seiner populären Sendung »Porträt per Telefon«. Dabei sah er die Körbe voller Fanpost, und er bekam Beifall von den Mitbewohnern unseres Hauses für seine Marathonreportage, die allerdings auch einige Fußballfans gestört hatte, weil er angeblich zu lange meinen goldenen Triumph kommentierte.

Es waren die Tausende von Fanbriefen und Glückwünschen aus der Bevölkerung, die mich veranlassten, weiter zu laufen und Moskau 1980 in Angriff zu nehmen. Mit meinem Trainer hatte ich mir dafür einen Plan aufgestellt, der drei Jahre zielgerichtetes Training beinhaltete, um einen zweiten Olympiatriumph ins Auge zu fassen. Mit Heinz Florian habe ich mich in dieser Zeit sehr oft unterhalten, aber auf seine Fragen nach meiner Form und der Chance eines zweiten Sieges habe ich ihn im Unklaren gelassen. Mein Plan war, dass ich zwischen dem 35. und 40. Kilometer nicht mehr als 15 Minuten brauche – was bis dahin noch keinem Läufer gelungen war – und damit eventuelle Begleiter abhänge. So einfach das jetzt klingt, ich hatte da ja schon 35 Kilometer in den Beinen, aber ich habe meinen Plan mit 14.45 Minuten für dieses Teilstück erfolgreich umgesetzt und krönte den Lauf mit meinem zweiten Olympiasieg. Heinz Florians berühmten Satz: »Väter, haben Sie Mut! Nennen sie Ihre Söhne Waldemar!«, habe ich natürlich im Stadion nicht hören können, sondern erst hinterher davon erfahren. Niemand konnte damals ahnen, welche Dimension er einmal annehmen würde und dass er quasi um die Welt flog. Im marathonverrückten

Japan machte der Spruch nicht einmal vor dem Kaiserpalast halt. Ich konnte dreizehnmal die Gastfreundschaft der Japaner in Anspruch nehmen und genießen. Meine Vorbereitungen für die Olympischen Spiele 1980 und 1984 habe ich in Japan gemacht, ich galt damals als der »berühmteste Ausländer« – Florian, dank Deines Satzes!

1994 wurde ich erneut nach Japan eingeladen, der neue Flughafen in Osaka sollte eröffnet werden und dazu ein Marathonlauf stattfinden. Als ich in Japan landete, stand ich wieder im Blitzlichtgewitter. Am Abend vor der Eröffnung und dem Marathonlauf gab es einen Empfang, zu dem ich eingeladen war und auch der Kaiser erscheinen sollte; er wollte mich sehen, hieß es. Ich ging zu diesem Empfang und wurde vielen Leuten vorgestellt. Aber nach etwa zwei Stunden wollte ich eigentlich wieder weg, da das viele Stehen meiner Beinmuskulatur vor einem Marathonlauf nicht so förderlich ist. Als ich schließlich vor dem Kaiser und seiner Frau stand, stellte er mich ihr mit den Worten vor: »Das ist der Mann, nach dem man in Deutschland die Kinder nennt.« Ja, Florian, man kannte Deine Reportagen auch im kaiserlichen Palast in Tokio! Zu mir sagte er noch, dass er sich darauf freue, mich am nächsten Tag einmal persönlich laufen zu sehen. An diesem Tage führte die Marathonstrecke an einer Tribüne vorbei, auf der sich der Kaiser aufhielt. Ich habe ihn aus den Augenwinkeln im Vorbeilaufen gesehen. Anschließend soll er die Tribüne verlassen haben.

Florian, Du hast mit Deinem Spruch am 1. August 1980 in Moskau eine solche Riesenwelle an Begeisterung ausgelöst, wie niemand es sich vorstellen konnte – dafür danke ich Dir immer und ewig. Wir haben in den Jahren auch ein enges Freundschaftsband zwischen uns geknüpft, und ich möchte keines unserer Treffen missen, im Gegenteil, ich hoffe, dass noch viele folgen werden. Zu Deinem Jubiläum Gesundheit, alles Gute. Und dass Du auch hinterm Zielstrich Deiner beruflich so überaus erfolgreichen Karriere Deine Gedanken nicht nur für Dich behältst.

28

Jürgen Croy

94 Länderspiele in der DDR-Fußball-Nationalmannschaft. Goldmedaille 1976 mit der Olympia-Auswahl. Dreimal »DDR-Fußballer des Jahres«. 1989 von den Sportjournalisten der DDR zum besten Fußballspieler in 40 Jahren DDR gewählt

Mit Heinz Florian Oertel war ich oft auf Reisen zusammen, denn er hat ja viele Fußballländerspiele kommentiert. Er ist in meinen Augen immer ein sehr fairer Journalist gewesen, der sorgfältig recherchiert hat und bestens informiert war.

Als Mensch ein Gentleman vom Scheitel bis zur Sohle, mit Charisma, gepflegt gekleidet, nie unrasiert, immer von einer angenehmen Duftnote umgeben und stets gut gelaunt.

Er war bei meinem Besuch in seiner Kult-Sendung »Porträt per Telefon« sympathischer Gastgeber und bei allen Interviews ein objektiver und fairer Journalist. Als ich ihn in späteren Jahren anlässlich von Sportgalas, Foren oder Lesungen hautnah erleben durfte, gefiel mir besonders, wie er durch seine offene, freundliche Art die Menschen einbezog und ihnen die anfängliche Scheu nahm.

Legendär sind für mich seine Reportagen von der Friedensfahrt, der Rad-Weltmeisterschaft mit Täve Schur und Bernhard Eckstein auf dem Sachsenring und dem Marathonsieg von Waldemar Cierpinski bei Olympia. Diese Reportagen haben wesentlich zu seiner außerordentlich hohen Popularität und Beliebtheit beigetragen.

Lieber Heinz Florian, ich wünsche Dir von ganzem Herzen alles Gute und Gesundheit für die kommenden Jahre!

Manfred Deckert

*Silbermedaillengewinner im Skisprung bei den Olympischen Winter-
spielen in Lake Placid. 1982 Sieger beim Weltcupspringen in Innsbruck
und damit auch Erster in der Gesamtwertung der Vierschanzentournee
1981/1982*

Meine erste Begegnung mit Heinz Florian Oertel fand über den Wol-
ken statt.

Als 18-jähriger Bengel hatte ich mich durch den 2. Platz bei den
DDR-Meisterschaften für die Olympischen Spiele 1980 in Lake Placid
qualifiziert. Beim Flug dahin traf ich »ihn« das erste Mal leibhaftig,
Heinz Florian Oertel – die Ikone der Sportreporter. Ich gab ihm die
Hand und grüßte sehr zaghaft, aber er nahm mir durch seine offene
und direkte Art sofort jegliche Beklemmung. Besonders beeindruckt
hat mich seine tiefe Stimme, die irgendwo aus seinem Bauch heraus
zu kommen schien.

In Lake Placid passierte, womit keiner gerechnet hatte: Beim olympischen Wettkampf auf der Normalschanze kam ich aus unserer
Mannschaft am besten mit den Bedingungen zurecht und gewann als
der Youngster die olympische Silbermedaille, hinter dem siegenden
Österreicher Toni Innauer.

Auf einmal stand ich als jüngster Springer unserer Nationalmannschaft im Rampenlicht. Anlässlich des Empfanges der Olympiamannschaft in Berlin hatte ich die Ehre, von Heinz Florian interviewt zu
werden. Diesen Moment werde ich nie vergessen, allerdings kann ich
mich – es ist meiner jugendlichen Aufregung zuzuschreiben – nicht
mehr an das Gesagte erinnern ...

Später trafen wir uns bei den verschiedensten Veranstaltungen wieder, und da war meine Zurückhaltung gegenüber Heinz Florian ein
für alle Mal verflogen.

Alle Welt hat noch seinen legendären Satz anlässlich des zweiten
Olympiasieges von Waldemar Cierpinski im Ohr, aber auch ich wurde

mit einem Spruch bedacht, den ich heute noch im Vogtland höre und der mich jedes Mal immer wieder mit Stolz erfüllt: »Manfred Deckert, der Mann mit den Pferdeschenkeln vom Aschberg!«

Für solche Sprüche, Heinz Florian, haben wir Dich geliebt!

Bleib schön gesund und munter und fabuliere bitte weiter!

Für Deine Zukunft alles, alles Gute!

Hans-Jürgen »Dixie« Dörner

Mit der SG Dynamo Dresden fünfmal Fußballmeister und viermal Pokalsieger. 100 Länderspiele mit der Nationalmannschaft. 1976 mit der Olympia-Auswahl Goldmedaillengewinner

Mein lieber Heinz Florian,
ganz herzlich gratuliere ich Dir zu Deinem 85. Geburtstag. Du hast von vielen sportlichen Großveranstaltungen mit Leidenschaft und mitreißenden Emotionen berichtet und damit uns allen große Freude bereitet. Auch meine sportliche Laufbahn im Fußball hast Du begleitet und Dich immer als kritischer, aber fairer Partner gezeigt. Auch nach der Wiedervereinigung gab es Begegnungen, ob beim Berliner Gartenlauf oder bei Talkrunden im Erzgebirge – alle Gäste waren begeistert von Deiner Kreativität und Sprachgewandtheit. Du konntest in solchen Talks durchaus die Schlagfertigkeit eines Peter Ducke übertreffen.

Danke noch einmal für Dein unermüdliches Bemühen um sachlichen und fairen Journalismus in all den Jahrzehnten. Ich wünsche Dir für die Zukunft alles Gute und Gesundheit.

Bernd Drogan

Weltmeister im Straßenradrennen der Amateure, 1979 und 1982 »Sportler des Jahres«

Meine Wiege stand in Bohsdorf, ich bin neben dem Laden von Strittmatter aufgewachsen. Auf dem Dorf bin ich mit der Friedensfahrt aus dem Radio und daher mit der Stimme von Heinz Florian Oertel großgeworden. Wir haben damals auf der Dorfstraße immer »Täve und Atze« gespielt, dabei bin ich als »Täve« über die Dorfstraße gejagt.

Später zog meine Familie nach Döbern um, mein Sportlehrer wurde Helmut Radochla, der Vater von Birgit. Bei ihm sollten möglichst alle Turner werden, aber Klimmzüge waren nie mein Ding. Meine Vorliebe galt immer dem Radfahren.

Helmut Radochla organisierte dann auch in Döbern die »Kleine Friedensfahrt«, da habe ich mich wohlgefühlt und war vorn dabei. Ich habe auch gleich die erste Kreisspartakiade im Radfahren gewonnen. Es war 1967 auf der Rückfahrt von der Bezirksspartakiade von Cottbus nach Döbern, mein Vater und ich kamen mit Trainern aus Forst ins Gespräch. Sie luden mich zum Training ein, und ich wurde Mitglied bei den Forster Radsportlern.

Ein großes Radsportereignis war damals der jährlich ausgetragene »Preis von Sebnitz«. 1967 starteten erstmals bei diesem Rennen auch »Schüler B«, zu denen ich gehörte. Ich habe das Rennen gewonnen, und der große Täve hat mir als Sieger gratuliert.

Ich gewann noch einige Siegerkränze, bevor ich 1982 in Goodwood Straßenweltmeister wurde, dabei bin ich die letzten 45 Kilometer allein gefahren.

Nach meinem Weltmeistertitel habe ich endlich Heinz Florian Oertel persönlich kennengelernt. Er hatte mich in seine Sendung »Porträt per Telefon« eingeladen. Es war für mich ein völlig neues, aber sehr angenehmes Erlebnis, ich hatte die ganze Zeit über das Gefühl, dass er viel mehr über mich wusste als ich selbst. Heinz Florian hat mich

Die DDR-Nationalmannschaft der Friedensfahrt 1977: Detlef Bönisch, Siegbert Schmeisser, Hans-Joachim Hartnick, Bernd Drogan, Karl Dietrich Diers und Andreas Petermann

mit seiner souveränen freundlichen Art sicher durch die Sendung geführt und keinerlei Lampenfieber bei mir aufkommen lassen.

Wir haben uns dann bei verschiedenen Anlässen in der Lausitz immer mal wieder getroffen. Besonders erinnere ich mich noch an den Brandenburgtag in Forst, den Heinz Florian moderierte. Er interviewte auch mich, und ich habe mich gern seinen Fragen gestellt. Es ist doch immer ein Genuss zuzuhören, wie er die deutsche Sprache zelebriert.

Allerdings habe ich mir schon mehrmals eine Frage gestellt: Heinz Florian, kein Zweifel darüber, dass Du immer einen sportlich-fitten

AMATEUR ROAD RACE
1st DROGAN   G D R
2nd VERMAELEN   BELG
3rd BRUGGMANN   SUI

Siegerehrung bei der WM Straßeneinzelrennen 1982 in Goodwood (England): 1. Drogan, 2. Vermaelen (Belgien), 3. Bruggmann (Schweiz)

Eindruck machst, aber hat dabei für Dich auch das Fahrrad eine Rolle gespielt, ob als Trainingsgerät oder in der Freizeit? Vielleicht können wir das noch mal persönlich ausdiskutieren.

Nun aber erst mal herzliche Grüße und Glückwünsche aus Deiner Lausitz zu Deinem 85., Gesundheit und privates Wohlergehen ...

Peter Ducke

68 Länderspiele mit der DDR-Fußball-Nationalmannschaft. Bronze-medaille 1972 mit der Olympia-Auswahl in München

Lieber Flori!

Kaum zu glauben, dass Du schon 85 Jahre alt wirst. Ebenso, dass es nun schon mehr als ein halbes Jahrhundert her ist, als wir uns zum ersten Mal begegneten.

Als sportbegeisterter Jugendlicher galt mein Interesse neben Fußball auch anderen Sportarten. Natürlich verschlang ich die Veröffentlichungen über sportliche Ereignisse. Das Radio, damals neben den bekannten Sportzeitungen das wichtigste Medium, berichtete von allen Veranstaltungen und war meine wichtigste Informationsquelle.

Ob bei der Friedensfahrt, bei Olympischen Spielen, Eishockey oder Leichtathletik-Wettkämpfen, eine Stimme habe ich heute noch im Ohr – die von Heinz Florian Oertel. Kein anderer Sportreporter hat mit seinen Berichten das Geschehen in der Arena so lebensecht geschildert wie Du, lieber Heinz Florian. Mit Deiner unnachahmlichen Art der Berichterstattung hast Du den Zuschauern und Zuhörern den Eindruck vermittelt, direkt dabei zu sein. Du holtest den Veranstaltungsort sozusagen ins Wohnzimmer.

Wie kein anderer Deiner Reporterkollegen beherrschst Du unsere deutsche Sprache und machst sie zu Deinem Instrument. Deine blumige Ausdrucksweise und Deine Wortschöpfungen haben viele Sportereignisse unvergesslich gemacht.

Als ich, im Sommer 1959 gerade 18 Jahre alt, als fußballerischer Rohdiamant von Schönebeck zum damaligen SC Motor Jena gewechselt war, lernte ich mein Reporteridol aus Kindheit und Jugend, Heinz Florian Oertel, persönlich kennen. Am Anfang bestimmte die Hochachtung vor dem bekannten Sportjournalisten mein Verhalten zu Dir. Damals ahnte ich noch nicht, dass Du mich einmal bis zum Ende mei-

41

ner Karriere als Reporter bei vielen bedeutenden Fußballspielen begleiten würdest. Ob mit der DDR-Nationalmannschaft 1972 bei der Olympiade in München, bei der Fußball-Weltmeisterschaft 1974 oder bei den unzähligen Europapokal- und Meisterschaftsspielen mit meinem FC Carl Zeiss, »Flori« war immer dabei.

Unvergessen bleibt für mich die Schilderung meines Tores zum 1:1 im Länderspiel 1963 gegen den damalige Vizeweltmeister ČSSR im Prager Strahov-Stadion, die zur Folge hatte, dass die DDR bei vielen Bürgern »Tä tä rä tä tä« genannt wurde. Aber auch an Deine Reportagen von vielen Punkt- und Pokalspielen wie zum Beispiel 1960 in Berlin gegen den ASK Vorwärts kann ich mich noch gut erinnern.

Aus dem ehemaligen Reporteridol ist nun schon seit vielen Jahren ein guter und zuverlässiger Freund geworden. Die zahlreichen Veranstaltungen, die wir in den letzten Jahren gemeinsam durchgeführt haben, zeigen, dass die Beliebtheit von Heinz Florian Oertel nach der Wende noch größer geworden ist. Und es ist eine Freude, mit anzusehen, wie unser »Flori« auch im hohen Alter noch rhetorisch brilliert. Einmal wäre das aber fast schiefgegangen, obwohl es eine »bombige Veranstaltung« war. Am 31. Oktober 2005 war im Abaccus-Hotel am Berliner Tierpark in Friedrichsfelde die Vorstellung meines Buches »Die Peter-Ducke-Story« angekündigt, moderieren sollte sie Heinz Florian Oertel. Aus Jena war ich mit Georg Buschner und seiner Frau angereist, viele ehemalige »Vorwärts«-Spieler wie »Kuppe« Nöldner, Otto Fräßdorf, Mühlbächer waren da – also der Saal war voll. Entgegen seiner sonstigen Gewohnheit kam Heinz Florian etwas spät, aber noch rechtzeitig. Grund war eine Bombe, eine richtige aus dem Zweiten Weltkrieg, die in Berlin-Lichtenberg gefunden worden war, weswegen man die ganze Gegend rundherum gesperrt hatte. Wir »Nicht-Berliner« waren noch problemlos ins Hotel gekommen, aber dann schlug der Sperrkreis zu, und es ging nichts mehr. Heinz Florian musste vom Hotel entfernt parken und kam zu Fuß, obwohl ihm da schon seine künstliche Hüfte bei längeren Fußmärschen Probleme machte. Er moderierte die Veranstaltung gewohnt souverän, und sie wurde ein Riesenerfolg.

Deshalb bedaure ich ganz besonders, wenn ich heute im Fernsehen oder im Radio Berichte von Sportveranstaltungen verfolge, dass ein so einzigartiger, überragender Sportjournalist nach der Wende bei den Entscheidungsträgern der Sportmedien im vereinten Deutschland nicht die ihm gebührende Beachtung gefunden hat, obwohl er schnell und kompetent mit allen Situationen fertig wird.

Für mich ist und bleibt Heinz Florian Oertel, trotz solcher großartigen Reporterkollegen wie Wolfgang Hempel, Werner Eberhard, Hubert Knobloch und anderer, der größte Sportjournalist unseres Landes.

Zu Deinem 85. Geburtstag wünsche ich Dir, lieber Freund Heinz Florian Oertel, von ganzem Herzen alles erdenklich Gute, vor allem aber eine unerschütterliche Gesundheit und noch viele schöne Jahre.

Peter Ducke

ANNELIE EHRHARDT

*1972 Olympia-Siegerin im 100-Meter -Hürdenlauf. 1974 Goldmedaille
bei den Europameisterschaften*

Meine Bekanntschaft mit Heinz Florian Oertel begann vor dem Fernsehapparat. Ich, die Sportbegeisterte, ließ mir bereits als Jugendliche
kaum eine Sportsendung entgehen ... Besonders sind mir die Frie-
densfahrtreportagen von Heinz Florian Oertel in Erinnerung, bei denen man im Sessel vor dem Fernsehapparat förmlich mitspurtete, um
selbst Etappensieger zu werden.

Damals wagte ich nicht, daran zu denken, dem großen Heinz Florian einmal am Mikrofon gegenüberzustehen. Dieser Traum wurde
aber schneller wahr, als ich dachte ... 1966 fuhr ich nach Berlin, um als
Sechzehnjährige an der 1. Kinder- und Jugendspartakiade teilzunehmen. Es wurde mein erster großer Erfolg, als ich die 80-Meter-Hür-
denstrecke in 11,3 Sekunden gewann. Und da hatte ich, die kleine Unbekannte aus Halberstadt, meine erste Begegnung mit dem »großen
Heinz Florian Oertel«. Er interviewte mich zu meinem Sieg und be-
handelte mich mit der ihn immer auszeichnenden Freundlichkeit und
Fairness und ließ mich in keiner Weise spüren, dass ich eine junge
Spartakiadesiegerin war und niemand wissen konnte, ob ich meinen
Erfolg auch weiterführen würde. In den Folgejahren, als ich im Er-
wachsenenbereich startete, sahen wir uns wieder, meistens im Flugzeug, wenn es zu Großereignissen oder internationalen Wettkämpfen
ging. Er hatte immer ein freundliches Wort oder einen Scherz auf La-
ger. Auch zu meinem größten Erfolg, der olympischen Goldmedaille
1972, gratulierte er mir in München.

Bei der Vielzahl meiner gewonnenen Medaillen und Titel gibt es
eine Plakette, an deren Gewinn Heinz Florian Oertel einen großen
Anteil hat ... Ich war 25, gesund und trainierte verletzungsfrei, alles
verlief planmäßig, aber ich gewann im Jahr 1975 nicht. Immer war in
diesem meinem 13. Wettkampfjahr die Polin Grazyna Rabsztyn

schneller als ich. Weder mein Trainer Klaus Wübbenhorst noch ich wussten die Lösung des Problems. Nachdem ich beim Olympischen Tag in Berlin und einen Tag später im Potsdamer Luftschiffhafenstadion gegen Grazyna Rabsztyn verloren hatte, erschien in der »Berliner Zeitung« eine Kolumne von Heinz Florian Oertel, in der er sich diesem Zweikampf zwischen Grazyna Rabsztyn und mir widmete. Dabei stellte er fest, dass ich zum damaligen Zeitpunkt keine Siegchance hatte, und verglich diese Phase mit anderen hervorragenden Sportlern, die in ihrer Karriere Ähnliches erfuhren: Roland Matthes, dessen einmalige Siegesserie 1974 riss, und Renate Stecher, die einst schnellste Frau der Welt, die 1974 zur Europameisterschaft in Rom von der Polin Irena Szerwinska geschlagen wurde. Heinz Florian Oertel hat in dieser Kolumne den Beifall und die Unterstützung des Publikums für die Athletin Annelie Ehrhardt gefordert, da sie doch der Aufmunterung gerade jetzt mehr denn je bedurfte. Diese Worte sind damals auf fruchtbaren Boden gefallen, denn als zum Jahresende 1975 das Europacup-Finale der Leichtathleten in Nizza stattfand, habe ich über Grazyna Rabsztyn triumphiert und für unsere Nationalmannschaft die maximalen Punkte geholt. Deshalb, Heinz Florian, hast Du an dieser goldenen Plakette, die ich für den Sieg erhalten habe, einen ganz großen Anteil – dafür werde ich Dir immer dankbar sein!

Inzwischen bin auch ich im Seniorenalter und lasse die Jüngeren laufen. Dir möchte ich zu Deinem 85. Geburtstag sehr herzlich gratulieren, wünsche Dir und Deiner Familie Gesundheit und Wohlergehen – und auf dass Dir Deine Neugier auf Menschen erhalten bleibe! In diesem Sinne ganz herzliche Grüße aus Magdeburg!

Annelie Ehrhardt

1973 bei einem Länderkampf

Peter Frenkel

1972 Olympiasieger im Gehen

Die unverwechselbare Stimme von Heinz Florian Oertel hörte ich zum ersten Mal bei seiner Reportage der Zwei-Etappen-Fahrt Halle–Erfurt–Halle in den fünfziger Jahren in meiner thüringischen Heimat. Das war fast wie eine Aufforderung an uns Jugendliche, es den Hagen, Funda und Schur gleichzutun, die da gerade durch mein verschlafenes Eckartsberga rasten.

Ich hatte schon Blut geleckt: Ein Neulehrer hatte mich begeistert, der mühelos die Riesenwelle am Reck drehte, über 6 Meter weit sprang, mit uns lebenshungrigen Jungen in den Ferien mit dem Rad und zu Fuß die nähere und weitere Umgebung erkundete und uns so spielerisch die Möglichkeiten aufzeigte, die der Sport uns bot.

Jahre später, als ich im Steigerwaldstadion in Erfurt meinen ersten Weltrekord aufstellte, lernte ich Heinz Florian Oertel, Dr. Heinz Florian Oertel, persönlich kennen. Er ist einer von uns, ohne sich je anzubiedern oder kumpelhaft zu gebärden. Er konnte und kann einmalig begeistern, analysieren, einschätzen und das alles in Worte fassen, dass man die sprichwörtliche Gänsehaut bekommt.

Für mich zählt er zu den Großen seiner Zunft. Seine Lebensleistung ist aller Ehren wert, erst recht, als man seine Stimme nach dem Ende der DDR nicht mehr hören sollte. Da schrieb er Bücher mit solcher Deutlichkeit, fundiertem Wissen und der ganz großen Gabe, das auch lesbar zu vermitteln.

Lieber Florian, Deine Hüften haben Dir zwar auch schon viel Kummer bereitet, doch Dein Herz und Hirn sind so wach, dass ich Dir wünsche, noch lange aktiv am Leben teilzunehmen, das Du so wunderbar beschrieben hast in Deinen Reportagen und Büchern. In Verbundenheit grüßt Dich herzlich

frenkel, P

49

Hartwig Gauder

Olympiasieger 1980 im Gehen, 1986 Europameister, 1987 Weltmeister

Begegnungen mit Heinz Florian Oertel waren für mich immer interessant und durchaus auch wechselhaft. Kennengelernt habe ich ihn auf einem Flughafen, mein älterer Sportkamerad Peter Frenkel stellte mich Heinz Florian mit den Worten vor: »Das ist Hartwig Gauder, er kommt wie ich auch aus Thüringen und wird garantiert einer der erfolgreichsten Geher werden!« Heinz Florian und ich schüttelten uns freundlich die Hände, und er antwortete in der ihm eigenen Art: »Wenn er zu solchen großen Hoffnungen berechtigt, dann werd ich jetzt mal in meinem persönlichen Archiv eine Karteikarte für ihn anlegen, und damit wird er mit seinen sportlichen Leistungen ab sofort von mir beobachtet.« Die nächste erinnerungswerte Zusammenkunft gab es bei einem Leichtathletikländerkampf in Chemnitz, damals Karl-Marx-Stadt. Ich war als Nachwuchssportler am Start und legte gleich wie die Feuerwehr los. Relativ schnell hatte ich eine Runde Vorsprung, aber dann musste ich meinem jugendlichen Übermut Tribut zollen, ich wurde nicht nur eingeholt, sondern »durchgereicht«, fand mich auf einmal am Ende des Geherfeldes wieder und wurde nun überholt. Als ich wieder zu Hause war, fragte mich meine Frau, wie es war, und ich sagte: »Ganz gut.« Darauf sie: »1, 2, 3, will denn keiner mehr vorbei ...« Damit meinte sie die Reportage von Heinz Florian Oertel, der meine Startnummer 123 zu einem Wortspiel nutzte, als ich am Schluss des Feldes lag und überrundet wurde. Ich habe das nie so tragisch gesehen, sondern seiner Lockerheit zugeschrieben und dass er jeder Situation durch seine Reportageart noch etwas Leichtes abgewinnen wollte, ohne mich als jungen Sportler, der hier richtig »Lehrgeld bezahlte«, bloßzustellen.

Im Laufe meiner sportlichen Karriere gab es immer wieder Treffen zwischen uns, ein besonders bemerkenswertes aber nach dem Ende meiner sportlichen Laufbahn. In den 90er Jahren trafen wir uns in

Hartwig Gauder und Siegfried Herrmann

Sebnitz zu einer Podiumsdiskussion anlässlich einer Gesundheitstagung. Heinz Florian wollte auf der Bühne von mir wissen, woran es lag, dass ich als Geher in meiner Wettkampfzeit insgesamt nur viermal disqualifiziert wurde. Ich habe ihm damals erklärt, dass man die Technik des Gehens natürlich sehr gut beherrschen sollte, aber im Wettkampf kommt es dann darauf an, den Kampfrichtern einen optisch guten Stil zu vermitteln. Darauf HFO wie aus der Pistole geschossen: »Aaaah, ein B-Noten-Geher!« (Bezug zum Eiskunstlauf)

Das größte Lob zollte Heinz Florian Oertel mir in seinem Buch »Höchste Zeit«, indem er meinen persönlichen Kampf zurück ins Leben, nach der erfolgten Herztransplantation, als vorbildlich für alle bezeichnete und ihn über olympische Goldmedaillen stellte. Dafür, Heinz Florian, vielen Dank! Und Dank auch und Gratulation für viele Jahrzehnte innovativen Journalismus und unvergessene Reportagen. Zum 85. alles Gute aus Thüringen!

Hartwig Gauder

Siegerehrung bei den Olympischen Spielen in Moskau 1980: 1. Gauder, 2. Jorge Llopart (Spanien), 3. Jewgeni Iwtschenko (UdSSR)

WALTER GLADROW

Erfolgstrainer Leichtathletik, die von ihm trainierten Athletinnen und Athleten gewannen bei Europa- und Weltmeisterschaften sowie Olympischen Spielen insgesamt elfmal Gold, neunmal Silber, dreimal Bronze

Es mag verrückt klingen, aber ich habe Heinz Florian Oertel erst nach der Wende persönlich kennengelernt. Doch seine Reportagen, Interviews und Kommentare, vor allem mit »meinen« Sportlerinnen, habe ich alle als Aufzeichnung. Zum Auswerten der Wettkämpfe ließ ich zu Hause in Neubrandenburg alle Läufe aufnehmen, und so hörte ich, allerdings zeitversetzt, seine sprachlichen Höchstleistungen. Für mich ist er zweifelsfrei der Sprachvirtuose unter den Sportreportern! Alle Athletinnen haben nach den Begegnungen mit ihm von seiner sympathischen Art geschwärmt.

Als Trainer betrachtet man ja die Wettkämpfe seiner Athleten immer kritisch, und auch bei einem Sieg entdeckt man noch die ein oder andere Reserve. Ungeachtet dessen haben mich die Wortschöpfungen von Heinz Florian Oertel immer wieder begeistert. So kommentierte er beim Weltcupfinale 1985 in Canberra den Sieglauf von Christine Wachtel als »Wachtelflug«. Als ich mit ihr und Sigrun Wodars zwei zur Weltspitze gehörenden 800-Meter-Läuferinnen in meiner Trainingsgruppe hatte, inspirierte das Heinz Florian zu Äußerungen wie »das Roulette rollt ...«, als beide an der Spitze des Feldes lagen. Aber auch mich baute er in seine Reportagen mit ein: »das Gladrow-Rezept«, »die Gladrow-Sisters«, »der Gladrow-Express«. Diese rhetorischen Denkmale, die Heinz Florian Oertel gesetzt hat, sind schon einmalig.

Als er gemeinsam mit Waldemar Cierpinski in Neustrelitz ein Forum durchführte, haben wir uns endlich persönlich kennengelernt. Wir haben uns auf Anhieb verstanden und hatten beide das Gefühl, uns schon ewig zu kennen. Inzwischen haben sich unsere Wege öfter gekreuzt: am Ostseestrand in Zinnowitz auf Usedom, im Sporthotel »Baltic« gehören wir beide quasi zu den Stammgästen.

Lieber Heinz Florian, ich schicke Dir beste Grüße und Glückwünsche aus dem mecklenburgischem Neubrandenburg. Ich hoffe, dass wir uns noch oft auf Deutschlands schönster Insel sehen werden ...

Walter Gladrow

Beim Training Neubrandenburg 1992, links Christine Wachtel, rechts Sigrun Grau

Zieleinlauf über 800 m bei den Olympischen Spielen in Seoul 1988. Gold für Sigrun Grau (Startnr. 290), Silber für Christine Wachtel (Startnr. 289)

Maxi Gnauck

Olympiasiegerin am Stufenbarren 1980 in Moskau. Zwischen 1979 und 1985 sechsmal Weltmeisterin und fünfmal Europameisterin. 1980 »Sportlerin des Jahres«

Ich wuchs in einer sportbegeisterten Familie auf. Mein Papa und meine Mutter, selbst Leichtathletin und eine der ersten Absolventinnen der DHfK, verfolgten aufmerksam die Ereignisse in vielen Sportarten. Was lag da näher, als die sonntägliche Sportsendung des DDR-Fernsehens mit Moderator Heinz Florian Oertel zu sehen!

Ich als Turnerin war immer ein wenig eifersüchtig auf die Eiskunstläuferinnen, deren hervorragende Leistungen Herr Oertel mit wahrer Wortakrobatik kommentierte. Ich werde nie vergessen, welche Attribute er beispielsweise für die Leistungen von Kati Witt fand ... Ich hätte es einfach gerne gesehen, wenn er mit dem ihm eigenen und ungemein ansteckenden Engagement auch meine schöne Sportart kommentiert hätte. Natürlich war mir bewusst, dass es bei den Sportjournalisten auch Spezialisierung und Arbeitsteilung gab. Ohne die Leistungen der anderen Kollegen schmälern zu wollen, empfand ich das Charisma Heinz Florians, die gelebte Begeisterung für den Sportler und seine Leistungen als eine Bereicherung. Es müssen viele so wie ich gedacht haben, denn wenn ich mich recht erinnere, war Heinz Florian etliche Male Publikumsliebling des DDR-Fernsehens.

So denke ich noch heute gerne an die Sonntagnachmittage oder an die Eislaufabende zurück, an denen ich im Kreise meiner Familie die beliebten Sendungen mit HFO sah.

Lieber Heinz Florian Oertel, symbolisch einen Blumenstrauß zu Ihrem 85. Geburtstag und viele Grüße aus der Schweiz. Ich hoffe, dass Sie sich noch lange bei bester Gesundheit intensiv mit dem Sport und seinen Akteuren befassen können.

SIGRUN GRAU

*1988 Olympiasiegerin im 800-Meter-Lauf, Weltmeisterin 1987, Europa-
meisterin 1990*

Nicht nur zu meiner aktiven Zeit habe ich zu Heinz Florian Oertel
bewundernd aufgeschaut, was bei meiner Körpergröße von 1,66 Meter auch nötig war, wenn ich neben ihm stand. Mit seinem Reportage-
stil hat er die Zuschauer mitgerissen und bei Live-Kommentaren im
Stadion auch uns Aktive. Einige seiner Wortschöpfungen sind für immer in meinem Gedächtnis verankert. Zu Beginn meiner Karriere bei
den DDR-Meisterschaften 1986 in Jena: »Liebe Zuschauer, schauen sie
nach vorn. Das ist Sigrun Wodars, ein aufgehender Stern am 800-
Meter-Himmel.« Heinz Florian hatte recht. Er kommentierte weitere
internationale Höhepunkte, an denen ich teilnahm, mit viel Fantasie
und immer neuen Wortschöpfungen, beispielsweise zur Weltmeister-
schaft 1987 in Rom: »Sie schlagen Funken ...«, als ich mit Christine
Wachtel in Führung lag und wir ein hohes Tempo vorlegten. »Hinter
ihnen lauert die Harpunen-Spurterin«, damit meinte er die schnelle
Kubanerin Ana Fidelia Quirot. Oder bei meinem Olympiasieg 1988 in
Seoul, als Christine und ich auf der Zielgeraden in Führung liegen:
»Jetzt werden den anderen die Knie weich ...«
   Mit diesen bildhaften und damit einzigartigen Kommentaren hat
Heinz Florian Oertel uns Athleten immer auch den Zuschauern nahe-
gebracht, was wir beispielsweise bei Autogrammstunden auf angenehme Weise erfuhren. Es waren nicht nur die sportlichen Fakten, die
er über uns parat hatte, nein, er kannte auch das persönliche Umfeld
genau und wusste sogar über unsere lokalen »Helden« wie »Mutter
Schulten aus Neubrandenburg« bestens Bescheid.
   Als ich Heinz Florian Oertel 1996 bei einer Buchlesung in Neubrandenburg traf, haben wir uns beide sehr über unser Wiedersehen gefreut. Wie nicht anders zu erwarten, merkte man auch in dieser Veranstaltung sein großes Fachwissen ... Aber dass er die Bestleistungen

von Anke Behmer, unserer erfolgreichen Siebenkämpferin, und mir sofort dem Publikum präsentieren konnte, damit hatte ich nun wirklich nicht gerechnet.

Lieber Heinz Florian Oertel, ich wünsche Ihnen anlässlich Ihres Jubiläums Kraft, Gesundheit und weiterhin viele Stunden mit Ihrem Publikum!

Sigrun Grau

Sigrun Wodars
800m

Olympiasieger Seoul 1988

Sigrun Grau 1991 in Neubrandenburg

GERHARD GRIMMER

1974 Weltmeister im Skilanglauf über 50 Kilometer und mit der Staffel

Der Name Heinz Florian Oertel wurde mir vor allem als Reporter der Friedensfahrt Anfang der 50er Jahre zum Begriff. Ich war damals noch Schüler und begeistert von den Leistungen der Männer um Täve Schur und der Berichterstattung über sie. Später zog er mich auch mit seinen Reportagen vom Wintersport in den Bann.

1965 hatte ich als frischgebackener DDR-Meister über 30 Kilometer im Skilanglauf einen ersten Kontakt mit dem damals bereits bekannten und berühmten Mann. An den Wortlaut unseres Interviews kann ich mich nicht mehr erinnern, wohl aber an die angenehme Atmosphäre zwischen uns.

1965 trafen wir uns auch in Berlin, im Restaurant »Zenner« am Treptower Park. Es war eine Festveranstaltung, ich wurde »Meister des Sports«, Heinz Florian wurde als »Verdienter Meister des Sports« ausgezeichnet. Wir haben uns gegenseitig gratuliert, und ich versprach ihm mit Augenzwinkern, dass ich mich im Training weiterhin anstrengen würde, um mit ihm gleichzuziehen. Ich erntete sein frisches, herzliches Lachen.

1966, es war die Zeit des Kalten Krieges, durften zur Nordischen Skiweltmeisterschaft in Oslo keine DDR-Journalisten ins damalige NATO-Land Norwegen einreisen. Das DDR-Fernsehstudio in Oslo wurde deshalb von einem ungarischen Reporter betreut. Einmal wurde eine Schaltung nach Berlin realisiert. Als Interviewpartner saß in Berlin Heinz Florian Oertel am Mikrofon, der mich nach meinen Eindrücken von der Weltmeisterschaft und zu den Wettkämpfen befragte. Ich war damals über 50 Kilometer »nur« Neunter, aber damit »bester Mitteleuropäer« geworden. Dass mir dieser »Titel« auf Dauer nicht reichte, war mir klar, und darüber habe ich auch mit Heinz Florian Oertel gesprochen. Bei meinem sportlichen Höhepunkt, den goldenen Weltmeisterschaften 1974 im schwedischen Falun, war auch er vor Ort

DDR-Meisterschaften 1975

und feierte mich mit seinen emotionalen Kommentaren. In Innsbruck 1976 haben wir dann gemeinsam eine der schwärzesten Stunden für unseren geliebten weißen Sport erlebt. Zum Abschluss meiner Karriere hätte ich gern eine olympische Medaille mit nach Thüringen genommen, aber in der 4x10-Kilometer-Staffel wurde unser zweiter Läufer Axel Lesser, in Führung liegend, von einer »Zivilperson« in der Spur so schwer verletzt, dass wir aufgeben mussten. Leider wurde dieser Vorfall nie aufgeklärt.

Unvergessen bleibt für mich die Einladung von Heinz Florian Oertel in seine Sendung »Porträt per Telefon« nach Berlin-Adlershof. In dieser Sendung konnte Heinz Florian mit Gästen aus Kunst, Wirtschaft, Medizin, Sport und anderen gesellschaftlichen Bereichen sein großes Wissen und sein Einfühlungsvermögen unter Beweis stellen.

1974 dominierten bei der Auszeichnung zum »Sportler des Jahres« die Wintersportler. Es gewann Hansgeorg Aschenbach, ich wurde Zweiter. Heinz Florian Oertel gratulierte mir und sagte, dass ich sein persönlicher »Sportler des Jahres« wäre. Solch Anerkennung und Lob ließ mich schon etwas stolzer werden.

Heinz Florian Oertel konnte mit uns Athleten im wahrsten Sinne des Wortes gut umgehen. Nicht nur seine fundierten Fachkenntnisse in vielen Sportarten trugen dazu bei, sondern auch seine präzisen Fragestellungen und seine Art, mit uns das Gespräch zu führen. Es gelang ihm, selbst uns »Hinterwäldler« aus der Reserve zu locken, aber er führte uns nie aufs Glatteis. Bei ihm hatte man zu keiner Zeit das Gefühl, dass er jemanden »in die Pfanne hauen« wollte. Auch bei Niederlagen, die im Sport nicht ausbleiben und eben dazugehören, brachte er uns viel menschliches Verständnis entgegen.

Lieber Heinz Florian, zu Deinem 85. Geburtstag alles Gute, vor allem Gesundheit – und Danke für die gemeinsame Zeit!

Hans Grodotzki

Zweifacher Silbermedaillengewinner im 5 000- und im 10 000-Meter-Lauf bei den Olympischen Sommerspielen 1960 in Rom

Meine erste »hörbare« Begegnung mit Heinz Florian hatte ich während der Olympischen Sommerspiele von Helsinki 1952. Seine spannende Reportage vom 5 000-Meter-Lauf – der Kampf zwischen Emil Zatopek, Alain Mimoun und Herbert Schade – hatte uns Jugendliche vor dem Radioapparat, einem alten Volksempfänger, versammelt. Es ging eine große Faszination von der Schilderung des Endkampfes in der letzten Runde aus. Nach Beendigung der Reportage gingen wir hinaus an die frische Luft und spielten das Geschehen von Helsinki mit unseren läuferischen Mitteln nach.

Ähnliches wiederholte sich während der Nachtreportage von den Olympischen Sommerspielen 1956 in Melbourne, und da war schließlich schon November! Aus Melbourne begeisterten mich besonders die Läufe von Wolodymyr Kuz.

Zu dieser Zeit war ich noch beim ASK in Erfurt, auf höhere Gewalt der Sportvereinigung »Vorwärts« wurde ich 1958 nach Potsdam delegiert. Dort hatte ich eine stärkere Trainingstruppe, und das wirkte sich auf meine Leistungen positiv aus.

Heinz Florian Oertel habe ich 1960 kennengelernt, nachdem er meine »Silberläufe« von den Olympischen Sommerspielen aus Rom kommentiert hatte. Ich war damals einer der glücklichsten Menschen: aus dem tiefsten Kalischacht Europas ins Scheinwerferlicht der Weltöffentlichkeit.

Seine Formulierung »der blonde Hans aus Menteroda« – heute hat sich die Haarfarbe meinen silbernen Medaillen angepasst – »erfand« Heinz Florian 1959 bei den DDR-Meisterschaften. Als ich damals nach Hause kam, erzählte meine Mutter mir, dass mich Florian bei meinem Wettkampf so genannt hatte. Ich betrachtete es als Ausdruck seiner Wertschätzung mir gegenüber, denn als wir uns das erste Mal begegneten, waren wir uns sofort sympathisch, nicht nur weil wir beide Emil Zatopek verehrten, sondern »wir funkten und funken auf einer Wellenlänge«.

Leider kam das Ende meiner aktiven Zeit bereits 1962. Bei den Ausscheidungen für die gesamtdeutsche Mannschaft, die zu den Europameisterschaften nach Belgrad fahren sollte, riss mir die Achillessehne beim 10 000-Meter-Lauf in Malmö 200 Meter vor dem Ziel. Am Vortag hatte ich mich in Prag über 5 000 Meter für Belgrad qualifiziert. Ich wurde das Opfer von Sportpolitikern, die meinten, dass die Ausscheidungen für die gesamtdeutsche Mannschaft im neutralen Ausland stattfinden sollten.

Florian hat mir in dieser Zeit mit vielen Gesprächen über mein Karriereende hinweggeholfen. Und ich hatte noch Glück, dass trotz Behandlungsfehler mein Bein nicht steif geblieben ist.

In meinem Erfolgsjahr 1960 gab es ein Erlebnis, bei dem ich Heinz Florian sehr gern dabei gehabt hätte: Aufgrund meiner beiden silbernen Olympiamedaillen hatte mich eine Sportzeitung zum Silvesterlauf nach Sao Paulo eingeladen.

Es war die schönste Reise meines Lebens, obwohl die Hinreise einer unglaublichen Odyssee glich. Ich flog von Schönefeld nach Prag, dort sollte mein Visum für Brasilien liegen – lag es aber nicht, deshalb Rückflug nach Berlin. In Berlin erfuhr ich, dass das Visum nun in Prag wäre, also wieder nach Prag, und dann folgten die Stationen Zürich – Genf – Lissabon – Dakar (Flugzeug Maschinenschaden) – Rio de Janeiro – Sao Paulo. Beim Flug von Zürich nach Genf saß ich neben Liselotte Pulver. Ich kam am 30. Dezember in Sao Paulo an, der Silvesterlauf startete am 31. um 23.45 Uhr. Er ging über 7,4 Kilometer. Florian, diese Straßenschluchten, die Begeisterung der Menschen ... Du wärst aus dem Fabulieren nicht mehr herausgekommen. Auch war in Brasilien grad Sommer – und die tanzenden Brasilianerinnen am Straßenrand ... Sie waren aber nicht der Grund, weshalb ich wieder »nur« Zweiter wurde. Florian, ich bin mir sicher, dass Dir dort einige neue verbale Superlative eingefallen wären. Ich habe in Sao Paulo Gilmar getroffen, den brasilianischen Torwart, der mit Pele 1958

und 1962 Fußballweltmeister wurde, ich habe den FC Santos spielen sehen ...

Florian, ich danke Dir für die vielen Stunden, die wir miteinander verbracht haben, und wünsche Dir zu Deinem 85. Geburtstag alles erdenklich Gute, vor allem viel Gesundheit!

Dein »silberner Hans«

Ingrid Gulbin-Krämer

Dreifache Olympiasiegerin im Wasserspringen 1960 und 1964. 1960 sowohl in der Bundesrepublik als auch in der DDR »Sportlerin des Jahres«, 1962, 1963 und 1964 »Sportlerin des Jahres«. 1975 Aufnahme in die Ruhmeshalle des internationalen Schwimmsports

Dein 85. Geburtstag, lieber Heinz Florian Oertel, ist für mich als ehemalige Leistungssportlerin der DDR ein freudiger und würdiger Anlass, Dir ganz herzlich zu gratulieren und für Dein Lebenswerk zu danken.

Als Sportreporter für Funk und Fernsehen begleitete Heinz Florian von Beginn an die erfolgreiche Entwicklung des DDR-Sports. Über Jahrzehnte begeisterte er uns mit seinen kompetenten und emotionalen Reportagen, sei es von der Friedensfahrt oder von bedeutenden internationalen Wettkampfhöhepunkten wie den Olympischen Spielen, Welt- und Europameisterschaften. Ich kann mich noch gut erinnern, wie wir mit großer Spannung seine Berichte von den Olympischen Spielen 1956 aus Melbourne verfolgten und uns über den Olympiasieg von Wolfgang Behrendt im Boxen und das erfolgreiche Abschneiden unserer Leichtathletinnen Gisela Birkemeyer und Christa Stubnick freuten.

Damals ahnte ich nicht, dass ich vier Jahre später bei den Olympischen Spielen in Rom zwei Goldmedaillen im Wasserspringen gewinnen würde. Es gab noch nicht die heutigen Sponsorenpools und ihre Begegnungshäuser nach den Wettkämpfen, ich habe damals vom Chefkoch unseres Speiseraums eine wunderbare Rumtorte bekommen, an der wir uns mächtig »berauschten«. Wieder zu Hause, stand ich im Herbst mit Heinz Florian Oertel gemeinsam vor einer Fotokamera, wir waren die Models für ein Titelbild der »FF dabei«. Heinz Florian, weißt Du noch, wie das Problem mit unseren doch sehr stark differierenden Körpergrößen gelöst wurde? Mir fällt es beim besten Willen nicht mehr ein.

Eine weitere Einmaligkeit erlebte ich am Ende des für mich so erfolgreichen Jahres 1960 mit der Wahl zur »Sportlerin des Jahres« in beiden deutschen Staaten. Ich weiß nicht genau, ob oder wie viele und welche Wettkämpfe Heinz Florian Oertel nach meinem Olympiasieg vom Wasserspringen moderierte, aber eins hat mich immer wieder sehr beeindruckt: wie lebendig die Reportagen von Heinz Florian Oertel den Menschen in Erinnerung geblieben sind, obwohl meine »Goldsprünge« schon über 50 Jahre zurückliegen.

Bei einem Ereignis bedaure ich, dass Heinz Florian es nicht in seiner unnachahmlichen Art kommentieren konnte: Für meine Olympiasiege 1960 bekam ich Glückwunschtelegramme aus der ganzen Welt, darunter auch von Fidel Castro. Er gratulierte mir sehr herzlich, hatte ich doch die über 40 Jahre andauernde Siegesserie der US-amerikanischen Frauen beendet. 1974 besuchte Fidel Castro die DDR. Damals war ich Trainerin in Halle/S., und er wollte unbedingt die Wasserspringerin treffen, die den Amerikanerinnen die Goldmedaillen weggeschnappt hatte. Dafür bin ich noch einmal auf den Turm gestiegen und habe Fidel Castro seinen Wunsch erfüllt ... Schade, auf diesen Kommentar von Heinz Florian wäre ich sehr gespannt gewesen!

Während meiner sportlichen Karriere begegnete ich Heinz Florian oft, ob zu Interviews am Beckenrand oder interessanten TV-Sendungen. Er war immer der sehr freundliche, kompetente und sachliche Gesprächspartner, der damals – und sicher auch jetzt noch –mit seiner gesunden Lebensweise für viele Sportanhänger als Vorbild wirkte.

Ich wünsche Heinz Florian Oertel noch viele schöne Lebensjahre bei möglichst guter Gesundheit! Und ich wünsche ihm die nötige Kraft für weitere tolle Bücher und seine interessanten Lesungen!

Ganz herzliche Geburtstagsgrüße aus Dresden!

Rom 1960, auf dem Balkon im olympischen Dorf

SIEGFRIED HERRMANN

29-facher DDR-Meister: einmal im Skilanglauf und 28 Mal in der Leicht-
athletik und bei Crossmeisterschaften

Heinz Florian Oertel habe ich vor 60 Jahren kennengelernt. 1952 lief
ich als 20-Jähriger im Jenaer Stadion unter den Kernbergen DDR-
Rekord über 1500 Meter. Dabei hätte ich sicher auch ein ganz passab-
ler Wintersportler werden können, denn 1952 wurde ich Junioren-
meister im 8-Kilometer-Skilanglauf. Wenn man im Thüringer Wald
aufwächst, steht man auch ganz schnell auf Skiern – und ich bin in
Unterschönau aufgewachsen. Als man 1952 mein Talent für die Leichtathletik erkannte, sollte ich zwecks Olympiavorbereitung nach Halle,
aber das gefiel meiner Familie überhaupt nicht, es war zu weit weg.
Man überzeugte sie schließlich mit der Zusage, dass einmal im Jahr
ein Sportfest in Unterschönau stattfinden würde und ich daran als
Aktiver teilnahm. So entstand das jährlich veranstaltete Bergsportfest
in Unterschönau, und Heinz Florian war von Anfang an als Kommentator dabei.

Wie Heinz Florian mir später erzählte, hat er bei meinem Rekord-
lauf über 1500 Meter mein Talent erkannt und meine Entwicklung
genau verfolgt. 1956 reisten wir auch gemeinsam nach Australien, um
an den Olympischen Sommerspielen in Melbourne teilzunehmen, ich
als Aktiver, Heinz Florian als Reporter. Ich gehörte zum Favoriten-
kreis für die Medaillen, hatte ich doch 1955 bei den Welt-Studenten-
spielen die Bronzemedaille über 1500 Meter gewonnen und 1956 die
Weltjahresbestenliste lange angeführt. Aber im Sport gibt es oft Un-
wägbarkeiten. In meinem Vorlauf über 1500 Meter bin ich 300 Meter
vor dem Ziel ausgeschieden, meine Achillessehne war gerissen und
damit mein Olympiatraum ausgeträumt. Es war der einzige Wettkampf in meiner 18-jährigen Sportlerlaufbahn, den ich nicht beendet
habe. Eigentlich sollte ich zurück in die DDR geflogen werden, um
meine Verletzung dort operieren zu lassen, aber das scheiterte am

Siegfried Herrmann, an 3. Stelle liegend, beim Vorlauf in Melbourne 1956. 300 m vor dem Ziel riss seine Achillessehne

Veto unseres Mannschaftsarztes Professor Nöcker. Er sorgte dafür, dass ich in Melbourne am nächsten Tag von einem australischen Spezialisten operiert wurde. Die Tage nach der Operation im Krankenhaus waren etwas eintönig, da ja die olympischen Wettkämpfe noch liefen und deshalb Besuch nicht oft möglich war. Angenehm überrascht wurde ich von Heinz Florian Oertel, er stand plötzlich in meinem Krankenzimmer, um sich nach meinem Befinden zu erkundigen. Dabei haben wir beide auch versucht, die Ursachen für die Verletzung zu finden. Wir »einigten« uns schließlich auf falsche Belastung in der Vorbereitung, denn unsere letzten Trainingseinheiten in Melbourne vor den Olympischen Spielen hatten wir auf einer weichen Trabrennbahn durchgeführt.

Als die Spiele beendet waren, ist die gesamtdeutsche Mannschaft von Melbourne nach Kopenhagen geflogen, und von dort starteten drei Maschinen zeitversetzt nach Berlin-Schönefeld. Heinz Florian, Du bist mit der ersten Maschine geflogen, in der die Sieger, die Medaillengewinner und die Mannschaftsleitung saßen. Ihr wurdet in Schönefeld gebührend empfangen und gefeiert.

Ich saß in der letzten Maschine, in der kehrten die Verlierer, die Versager und Verletzten zurück. Als wir in Schönefeld landeten, wart ihr alle schon weg, und der Flughafen lag im Dunkeln. Mein Weg führte mich direkt ins Krankenhaus zur weiteren Behandlung. Trotz der Meinung vieler Fachleute, die meine Verletzung in Melbourne gleichbedeutend für mein Karriereende hielten, habe ich sie vom Gegenteil überzeugen können. Ab 1958 war ich wieder in den Stadien am Start und habe 1966 mit einer Silbermedaille bei den Europäischen Hallenspielen über 3000 Meter den Lohn für meine Mühen empfangen.

In dieser Zeit war Heinz Florian immer ein sehr emotionaler und vor allem mutmachender Gesprächspartner für mich. Auch nach dem Ende meiner Läuferkarriere hatten wir regelmäßig Kontakt. Als ich dann Hartwig Gauder trainierte und in die Weltspitze geführt habe, waren wir auch oft wieder gemeinsam in den Stadien der Welt. Heinz Florian feierte am Mikrofon die Triumphe von Hartwig Gauder und hat auch immer mich dabei erwähnt und gewürdigt – dafür, Florian, großen Dank!

Ich wünsche Dir zu Deinem Jubiläum alles Gute, an erster Stelle Gesundheit, wobei ich mir sicher bin, dass wir uns vorher noch einmal sprechen werden. Bis dahin …

Siegfried Oßmann

Veronika Hesse

1980 Olympiasiegerin mit der Staffel im Skilanglauf und drei Medaillen bei den Weltmeisterschaften 1980, darunter Gold über 20 Kilometer

Schon in meiner Jugend hatte ich für den Sport viel übrig und saß, wie viele andere zu jener Zeit, bei sportlichen Großveranstaltungen vor dem Radio und lauschte gespannt den Moderatoren. Ob Friedensfahrt, Leichtathletikwettkämpfe, Fußball oder andere Sportarten, schon bald fiel mir die markante Stimme von Heinz Florian Oertel auf. Mich beeindruckte seine bildhafte Sprache, auch sein hohes sportfachliches Wissen, und mir gefiel, dass er einem immer das Gefühl gab, live dabei zu sein.

In den 70er Jahren begann meine leistungssportliche Laufbahn, die 1980 mit dem Gewinn der olympischen Goldmedaille in der Staffel und des Weltmeistertitels über 20 Kilometer im Skilanglauf gekrönt wurde. Zu dieser Zeit lernte ich Heinz Florian Oertel auch persönlich kennen, ohne mich an die Interviews im Einzelnen erinnern zu können.

Jahre sind vergangen, meine Wettkampfski habe ich in die Ecke gestellt, doch die Stimme von Heinz Florian Oertel hat mich weiter begleitet bei den verschiedensten Sportereignissen.

Wir schreiben das Jahr 2008, Heinz Florian Oertel führt im Congress-Zentrum Suhl eine Buchlesung durch, der Saal ist voll, sportbegeisterte Fans sind da, auch ich mit meiner Tochter. Meine Tochter fragt mich: »Kennt er dich noch?«

»Ja«, sage ich, »wollen wir wetten?«

Nach der Lesung lassen sich viele Fans Bücher signieren, auch ich reihe mich in die lange Schlange ein. Endlich stehe ich vor ihm, lege mein Buch hin und frage: »Kennen Sie mich noch?« ...

Er signiert mein Buch, schaut mich wieder an und fängt an zu singen: »Veronika, der Lenz ist da ...«

Das erstaunte Gesicht meiner Tochter habe ich heute noch vor Augen.

Heinz Florian Oertel ist und bleibt für mich der beliebteste und sachkundigste Sportkommentator. Seine unverwechselbare Stimme habe ich im Ohr – die Stimme des deutschen Sports!

Zu Ihrem Jubiläum alles Gute, Gesundheit und auch mal wieder ein Mikrofon in der Hand ... wünscht Ihnen aus dem thüringischen Suhl

Nach dem Sieg in Lake Placid am 21. Februar 1980 trägt Veronika Hesse ihre Mannschafts-kameradin Barbara Petzold auf den Schultern

Lutz Hesslich

Zweifacher Olympiasieger im Bahnradsprint 1980 in Moskau und 1988 in Seoul. 1979, 1983, 1985 und 1987 Weltmeister im Sprint

Heinz Florian Oertel kenne ich von zahlreichen Begegnungen, vor allem hier in Cottbus, obwohl er zu meiner sportlich-aktiven Zeit meine Erfolgsdisziplin nie kommentiert hat. Und obwohl er, die lebende Reporterlegende, immer Sympathie, Vitalität und große Ehrlichkeit ausstrahlt, bin ich doch einmal ins Zweifeln geraten: Heinz Florian besuchte mich vor Jahren in meinem Radladen in der Wilhelm-Külz-Straße 12, worüber ich mich sehr gefreut habe. Er zeigte in die hintere Ecke, wo Fahrräder gestapelt stehen, und meinte: »Hier hab ich früher mein Feierabend-Bier getrunken, da war das noch die Gaststätte ›Lausitzer Hof‹, und auf der anderen Straßenseite in der Wilhelm-Külz-Straße war damals ›Antenne Brandenburg‹ untergebracht, mein Arbeitgeber!«

Ich war nicht darüber erschrocken, dass Heinz Florian in den früheren »Lausitzer Hof« gegangen ist, nein – aber seine Trinkgewohnheiten? Heinz Florian, der bekanntermaßen am gesündesten lebende Lausitzer, hat Bier – also ALKOHOL – getrunken! Mit dieser Vorstellung kann ich mich bis heute nicht anfreunden.

Lieber Heinz Florian, ich wünsche Dir zu Deinem 85. alles Gute, Gesundheit, und nimm Dir Zeit, Deinen Ehrentag zu feiern, auch mit einem alkoholischen Getränk!

85

Ulrich Hobeck

1970 DDR-Meister im 3000-Meter-Hindernislauf

Cottbus hatte für Heinz Florian immer eine besondere Bedeutung, nicht nur, weil er hier geboren ist und Sportlehrer war. Er begleitete über viele Jahrzehnte herausragende Sportereignisse und die Athleten aus der Region.

Als ich selbst noch aktiver Läufer war und 1970 beim Europacupfinale in Stockholm über 3000 Meter Hindernis startete, kommentierte Florian auch meinen Lauf, bei dem ich überraschend den 2. Platz belegte. Ob mich Florians Reportage dabei beflügelt hat, weiß ich nicht mehr ... Auf alle Fälle waren seine Reportagen oft »emotionale Krimis« und eine Aufwertung der eigenen Leistung. Ich erlebte das aus zwei Perspektiven: als Athlet und später als Meetingorganisator.

Mit der Wende hatte HFO eine schwierige Zeit durchzustehen, besondere Privilegien wurden ihm nachgesagt, und die Neider krochen aus den Büschen und verbreiteten vorübergehend starken Gegenwind. 1992 bat ich ihn, unsere Veranstaltung zum 2. German Meeting in Cottbus zu moderieren. Es war der Beginn einer langen, intensiven freundschaftlichen Zusammenarbeit bei unserem Internationalen Leichtathletikwettkampf, an dem alljährlich über 30 Nationen teilnahmen.

Er moderierte unter anderem das Hochspringen mit Javier Sotomajor aus Kuba, Heike Drechsler bei ihrem Weitsprungmeetingrekord von 7,13 Metern, Marc McKoy, den späteren Olympiasieger über 110 Meter Hürden. Lars Riedels Diskuswürfe, Frank Fredericks 100-Meter-Lauf in 10,0 Sekunden und, und, und ... Heinz Florian sorgte mit seinen originellen Kommentaren dafür, dass eine unglaubliche Stimmung im Stadion entstand und die Wettkämpfe zum einmaligen Erlebnis wurden.

Kurz darauf meldeten sich auch die Verantwortlichen des Fernsehens wieder und baten ihn, Sendungen zu moderieren. Damit mach-

Ulrich Hobeck (li) beim Leichtathletikländerkampf Stockholm 1971

ten sich die Sender Florians langjährige Erfahrungen, seine persönlichen Kontakte zu vielen Sportlern und sein einmaliges Detailwissen zunutze.

Besonders begeistert von Heinz Florians Moderationen waren der damalige ISTAF-Chef Rudi Thiel und der ZDF-Sportstudio-Moderator Wolf-Dieter Poschmann, der immer wieder betonte: »Bei jedem Meeting kann ich von ihm lernen, solch ein Sprachwunder hab ich noch nicht persönlich kennengelernt. Wo er immer diese Zusammenhänge herholt, ist sehr erstaunlich.« Als Poschmann erfuhr, dass HFO ein Buch schrieb (»Höchste Zeit«), bat er um eine signierte Ausgabe. Natürlich erfüllten wir ihm diesen Wunsch. Ein großes Vergnügen

war es für Florian, einen Lauf von Wolf-Dieter Poschmann im Vor-
programm eines Cottbuser Meetings zu kommentieren. Seine herzerfrischenden Worte begeisterten die Zuschauer.

Alle kennen Florians Kommentar beim zweiten Olympiasieg von
Waldemar Cierpinski. Wir haben uns den Spaß gemacht, Waldemar
Cierpinski einzuladen und den Marathon-Zieleinlauf von 1980 nach-
zustellen. Waldemar kam durch unser Marathontor gelaufen, und
Florian sprach wieder seinen berühmten Satz – Vergnügen auf allen
Seiten und tosender Applaus der Zuschauer.

Ähnliche Euphorie-Stürme gab es, als wir ehemalige Top-Athleten
des SC Cottbus einluden und sie beim Meeting ehrten. Noch heute
schwärmt Florian von Sportlern wie Gunhild Hoffmeister, Monika
Peikert-Schnieber, Christian Rudolph, Uwe Grabe, Rosemarie Acker-
mann, Gloria Siebert, Stefan Freigang, Siegfried Pachale ... und weiß
nach wie vor ihre Zeiten und Ergebnisse. Auch bei einer Buchlesung
in Cottbus konnte Florian sämtliche Bestzeiten, Weiten, Höhen und
Erfolge »aus dem Hut zaubern«, ohne technische Hilfsmittel – nur mit
seinem hervorragenden Gedächtnis.

Meine Bewunderung hat er nach wie vor für seinen Weitblick, seine
lexikongleichen Kenntnisse, seine Herzenswärme. Jedes Gespräch mit
ihm, ob per Telefon oder bei einem Wiedersehen, ist für mich etwas
ganz Besonderes.

Ich gratuliere Dir ganz doll zu Deinem 85. Gesundheit und wünsche
Dir noch viele unbeschwerte Stunden!

Jan Hoffmann

Weltmeister im Eiskunstlauf 1974 und 1980, Europameister 1974, 1977, 1978, 1979

Ich erinnere mich immer noch an unsere erste Begegnung im französischen Grenoble 1968. Als Zwölfjähriger durfte ich bei den Olympischen Winterspielen im Eiskunstlauf an den Start gehen. Diesen »Jugend-Rekord« kann mir niemand mehr nehmen, heute müssen Olympiateilnehmer mindestens 14 Jahre alt sein. Deshalb hatte ich mir auch keine Medaille als Ziel gesetzt, ich wollte nur nicht Letzter werden. Das habe ich geschafft – ich habe zwei hinter mir gelassen! Das Publikum hat mich aber mit Beifall, wie einen Medaillengewinner, auf seinen Händen getragen.

War das der Grund, dass Du mich nach meinem Wettbewerb zum Interview ins TV-Studio eingeladen hast?

Mit mir war auch der Olympiasieger Wolfgang Schwarz aus Österreich zu Gast, und Du hast mich unschuldigen Jungen da aufs Glatteis geführt. Auf Deine Frage, wie ich die Berge um Grenoble finde, habe ich ja noch eiskalt gekontert, dass wir in Sachsen auch Berge haben. Aber als ich mich zum neben mir sitzenden Olympiasieger äußern sollte, da ist es passiert. Seine Sprünge fand ich prima, da konnte ich für mich viel lernen, aber als Du meintest, ich dürfe ihn auch kritisieren, muss mich der Teufel geritten haben ... Ich habe seine Haltung bemängelt, ich fand ihn einfach »zu krumm« – ich, der Zwölfjährige und 26. im Wettkampf, kritisierte den Olympiasieger! Und Du hast dazu gelacht ...

Aber Du konntest es dann selbst miterleben und verbal feiern, dass ich mich im Laufe der Jahre dem Siegertreppchen immer mehr genähert habe und auch da oben stehen durfte. Meine Familie genoss Deine TV-Kommentare zu meinen Leistungen auf dem Eis, und auch ich war stolz darauf, wenn ich mir die Aufzeichnungen später ansah. Ich bin der Meinung, dass das Eiskunstlaufen für Dich zum Moderieren

WM 1974 in München: 1. Jan Hoffmann, 2. Sergej Wolkow (UdSSR, li.), 3. Toller Cranston (Kanada, re.)

wie geschaffen war – es passte zu Dir wie »die Faust aufs Auge«! Deine wundervollen Beschreibungen der Kostüme der Eiskunstläuferinnen – da hast Du auch im TV wie ein Radioreporter jedes Detail beschrieben. Wahrscheinlich rührte es daher, dass Du diese Sportart schon zu Zeiten des Schwarzweiß-Fernsehens moderiertest. Die Kostüme der Herren waren zu meiner aktiven Zeit ja recht konservativ und unterschieden sich von Läufer zu Läufer kaum, deshalb boten sie Dir nicht so viel für Deine blumige Beschreibungslust. Heute ist da doch eine wesentlich größere Vielfalt gegeben.

Du hast auch für mich einige Deiner unvergesslichen Wortschöpfungen kreiert. Ich habe mich sehr gefreut, als ich von Dir mit den

Worten »... und hier Jan Hoffmann aus der Kategorie der Spargelgewächse« angekündigt wurde. Nicht genug damit, auch den »Professor«-Titel verdanke ich Dir. Du hattest es mal aufgeschnappt, als mich ein guter Freund so bezeichnete.

Aber diese wundervolle gemeinsam erlebte Zeit ist Geschichte. Meine alten Wettkampfkufen habe ich noch, sie sind unter einem neuen Schuhpaar angeschraubt, und im Winter laufe ich damit auf den zugefrorenen Moritzburger Teichen. Mein Repertoire ist sehr übersichtlich geworden, aber ich fühle mich dabei wohl und genieße es.

Florian, ich danke Dir für die vielen gemeinsam verbrachten Stunden, gratuliere Dir zu Deinem 85. ganz herzlich und wünsche Dir Gesundheit, Unternehmungsgeist und eine lockere Zunge!

Herzliche Grüße aus Elbflorenz

Dein »Professor« Jan

Gunhild Hoffmeister

Silber und Bronze über 1500 und 800 Meter bei den Olympischen
Spielen in München 1972 und olympisches Silber über 1500 Meter in
Montreal 1976

1960 im Mai, im Monat der Friedensfahrt, hatte meine Familie ihren
ersten Fernseher gerade angeschlossen – aber noch ohne Antenne.
Natürlich wollten wir die Übertragung dieses Sportereignisses unbedingt sehen, zumal für unsere Rennfahrer alle Trikots in Reichweite
lagen. In Ermangelung der Dachantenne zum Empfang eines ordent-
lichen Fernsehbildes stieg ich auf einen Stuhl und hielt die Antenne
hoch, drehte sie immer wieder, bis wir ein mehr schlechtes als rechtes
Bild hatten.

In dieser nicht bequemen Haltung konnte ich die Zielankunft und
die dazugehörenden Reportagen von Heinz Florian Oertel verfolgen.
Die Stimme dieses Reporters hatte mich schon seit frühester Kindheit
beeindruckt.

Er war es auch, der 1964 die erste Notiz über mich in der »Lausitzer
Rundschau« schrieb: »Wenngleich diese Zeit (2:22,3) noch nicht für
den Eingang zur DDR-Jahresbestenliste reicht, versprechen wir uns
von Gunhild Hoffmeister noch einiges.« Das spornte mich damals zu-
sätzlich an, meine ganz persönlichen und geheimen Ziele irgendwann
einmal zu ereichen.

Erstens: Als erste Frau der Welt die 800 Meter unter zwei Minuten
zu laufen.

Zweitens: Die erste Frau der Welt zu sein, die bei Olympia Doppel-
gold erkämpft.

Einige Jahre später hörte ich diesem Sportreporter Oertel im Cottbuser »Club der Intelligenz« zu. Er schilderte seinen Werdegang mit der
von mir so verehrten sonoren Stimme. Er erzählte mit Worten, die so
anders klangen, die etwas ausdrückten, was der Normalbürger um-

gangssprachlich einfach nicht hinbekommt. Seine Sprache ist wie ein Bild. Mal farbig, mal schwarzweiß, mal leicht wie ein Aquarell, mal schwer wie ein Ölgemälde. Seine Wortwahl so vielfältig, so treffend, mit Außergewöhnlichem gespickt, nie langweilig, immer hörenswert, Aufmerksamkeit erheischend ... einfach schön.

Während ich diese Worte schreibe, läuft nebenher die Übertragung der Leichtathletik-Europameisterschaft aus Helsinki. Was wird da oft für ein Quatsch geredet! Da werden fachlich falsche Termini benutzt, die Athleten mit unangebrachten Vorschusslorbeeren überhäuft, anschließend mit vernichtender Kritik bedacht.

Aber zurück zu meiner ersten persönlichen Begegnung mit Heinz Florian Oertel in Cottbus. Mich hat es sehr beeindruckt, als er über den Wortschatz verschiedener Menschen in Deutschland sprach, also darüber, wie die Menschen mit ihrer Muttersprache arbeiten.

Das führt vom Durchschnittsbürger, der etwa 10 000 Wörter benutzt, bis zum großen Goethe, der sage und schreibe rund 90 000 Wörter verwendete. Oertels Wortschatz soll das Dreifache dessen von uns Normalbürgern umfassen. Welch ein Glück, über viele Jahre einen solchen Wortvirtuosen hören und lesen zu dürfen. Toll, von solch einem Wortkünstler Wissenswertes aufzusaugen.

Ohne Beispiel sind für mich seine Sportreportagen, die fachlich brillant vorbereitet waren, die die Athleten mit ihren Leistungen in den Mittelpunkt stellten, die die Entwicklung der Sportler sachlich schilderten und in denen die vielen großen und kleinen Helfer oft namentlich genannt wurden, womit auch Dank ihnen gegenüber zum Ausdruck kam. Seine Begabung, mit dem Wort umzugehen, hat es dem Zuhörer leicht gemacht, sich in die Atmosphäre am Veranstaltungsort hineinzudenken.

Ich erinnere mich an die Reportage anlässlich der Eröffnung der Olympischen Sommerspiele 1964 in Tokio. Der Veranstalter ließ den Herzschlag des letzten Trägers des olympischen Feuers über Lautsprecher in das Stadion übertragen. Es war der Japaner Yoshinori Sakai, der am Tag des Abwurfes der ersten Atombombe auf Hiroshi-

Zieleinlauf beim 1500-Meter-Finale bei den Olympischen Spielen in Montreal 1976:
1. Kasankina (UdSSR, li.), 2. Hoffmeister (re.), 3. Bruns (Mitte)

ma geboren wurde. Dazu die emotionalen Worte von Oertel: »Junge, was denkst du jetzt ...« Für mich und sicher auch viele andere: Gänsehaut pur!

Oder die Schilderung des olympischen Marathonlaufes von 1960 in Rom, als der äthiopische Läufer Bikila Abebe, barfuß laufend, die Goldmedaille erkämpfte: Gänsehaut pur!

Später, bereits in der Weltspitze angekommen, war ich stolz, wenn er bei meinen Läufen unsere gemeinsame Heimat Cottbus erwähnte. Es gehört zu meinen interessantesten Erlebnissen, H. F. Oertel persönlich begegnet zu sein.

Florian, ich wünsche Dir alles Gute, Gesundheit und weiter Freude bei der Kunst des Formulierens und Fabulierens.

Die Lehrerin aus Cottbus ...

Klaus Köste

Insgesamt elf Medaillen bei Olympischen Spielen sowie Welt- und Europameisterschaften, darunter Olympiasieg 1972 im Pferdsprung und zwei Europameistertitel am Reck

Schon als kleiner Junge hörte ich die unverwechselbare Stimme von Heinz Florian Oertel. Unzählige Fußballreportagen, Friedensfahrten, Leichtathletiksportfeste oder Eiskunstlaufveranstaltungen habe ich gehört oder gesehen – für mich war Florian der Größte aus der großen Anzahl guter Sportreporter in unserem kleinen, sportbegeisterten Land. Und er blieb es.

Als ich ihn näher kennenlernte, wuchs meine Begeisterung und persönliche Hochachtung für den Meister des geschliffenen Wortes. Obwohl meine Sportart nicht zu seinen Favoriten gehörte. In Mexiko 1968 musste er, warum auch immer, in Wolfhard Kupfers Fach einspringen und von den Turnwettkämpfen übertragen. Nicht viel, eine Sequenz nur, eigentlich ein Klacks für solch einen Könner. Doch Oertel kam auf uns zu: »Männer, vom Turnen hab ich wenig Ahnung, aber ich will euch gut in Szene setzen und mich nicht blamieren. Also, worauf kommt es an?« Der große Meister machte sich kundig im fremden Metier. Immer! HFO kam nie unvorbereitet, er, ein Künstler und Perfektionist spontaner Reaktion und Improvisation, wusste immer Bescheid. Aus Achtung vor dem Gegenüber, ob Nachwuchsathlet oder Olympiasieger, unglücklicher Verlierer oder arroganter Selbstdarsteller. Bei und von Oertel wurde keiner vorgeführt.

Nach meiner aktiven Laufbahn hatte ich das große Vergnügen, zahlreiche Veranstaltungen mit ihm zu erleben, ob als Interviewpartner, Co-Moderator auf Foren, Pressefesten oder Stadionveranstaltungen. Die Weihe des neu erbauten Eilenburger Stadions führte uns 1997 unverhofft zusammen. HFO leitete das Zeremoniell, und ich gestaltete mit meiner Leipziger Gym-Show das sportliche Programm. Das Mikrofon in der Hand, fragte HFO mich: »Was hast du denn mit

Turnländerkampf gegen die UdSSR 1971 in Leipzig

Eilenburg zu tun?« Darauf ich, dass ich in Kossen, einem 65-Seelen-dorf – ohne Kirche, Kneipe, Konsum – vor den Toren Eilenburgs im schönen Muldental heimisch geworden bin. Schelmisch lächelnd meinte er: »Sieh einer an, ein schönes neues Stadion, und der Köste ist auch schon da – in Kossen – dem Hollywood von Eilenburg.«

Führen Flori seine Lesungen ins erweiterte Leipziger Umland, sind meine Frau und ich Stammbesucher und -hörer. »Ihr müsst doch bald alles auswendig wissen, was ich zu sagen habe«, begrüßt er uns stets mit großer Herzlichkeit. Ja, er hat recht, fast alle seine Bücher stehen in unserem Holzhaus, und seine Aussagen, prinzipiellen Standpunk-te und Haltungen treffen unsere Intentionen. Sie erfüllen uns mit Stolz und Freude. Freude darüber, dass wir viele Wege erfolgreich mit beschreiten konnten, und Stolz, dass wir uns zum Freundeskreis des Autors zählen dürfen.

Danke, Flori, und ich glaube, nein, ich bin mir sicher, dass wir noch viel Neues von Dir hören und lesen werden.

Klaus Köste

CHRISTA LUDING-ROTHENBURGER

Olympisches Gold im Eisschnelllauf 1984 in Sarajevo und 1988 in Calgary. 1988 olympische Silbermedaille im Bahnradsport

Schon als Kind hörte ich die Übertragungen von der Friedensfahrt und lernte die Stimme von Heinz Florian Oertel kennen. Dann kamen die Übertragungen von Eiskunstlaufveranstaltungen hinzu, und seine blumigen, einzigartigen Beschreibungen blieben in meinem Kindergedächtnis haften.

Meine ersten sportlichen Schritte führten mich als Sechsjährige auf das Eis in Weißwasser, und ich begann mit dem Eiskunstlauf. Nach vier Jahren wechselte ich zum Eisschnelllauf, da es in Weißwasser keinen Kunstlauftrainer mehr gab. Mein weiterer sportlicher Weg führte mich über die KJS nach Dresden, und hier reifte ich zur Eisschnelllaufweltklasse.

1988 wurde mein erfolgreichstes Jahr, nachdem ich im Winter in Calgary Olympiagold über 1000 Meter, Silber über 500 Meter im Eisschnelllauf gewonnen hatte, konnte ich im gleichen Jahr in Seoul noch Olympiasilber im Bahnradsprint gewinnen. Damit bin und bleibe ich die einzige Frau, die in einem Jahr sowohl bei den Olympischen Winterspielen als auch bei den Olympischen Sommerspielen Edelmetall gewann.

Leider gehörten meine Disziplinen nicht zu den von Heinz Florian im TV moderierten Sportarten, aber Ende 1988 lernte ich ihn doch persönlich kennen. Das DDR-Fernsehen machte die Sendung »Ein Abend mit Christa Luding-Rothenburger«, durch den Heinz Florian Oertel führte. Ich habe es als eine Riesenehre empfunden, für so eine Sendung ausgesucht zu werden, die noch dazu von Heinz Florian moderiert wurde.

Meine Familie war bei der Sendung dabei, und Heinz Florian stellte fest, dass mein Mann die gleiche »windschnittige Frisur« wie er trug und sie beide sich doch recht ähnlich sahen. Wir haben uns auf An-

hieb toll verstanden und uns zu verschiedenen Anlässen immer wieder gesehen.

Bei einer Veranstaltung in Radebeul, in der ich mit Jan Hoffmann zu Gast war, wurde Heinz Florian vom Veranstalter überrascht, indem mein Mann plötzlich neben ihn auf die Bühne trat ... man kann beide schon verwechseln, ihre Ähnlichkeit ist groß.

Lieber Florian, wir gratulieren Dir zu Deinem Ehrentag, wünschen Dir Gesundheit, und bitte schreib weiter Deine Gedanken auf!

OLAF LUDWIG

Zwei Gesamtsiege bei der Friedensfahrt 1982 und 1986. Olympiasieg im Einzelrennen bei den Olympischen Sommerspielen 1988. Als Profi Sieger auf insgesamt drei Etappen der Tour de France. 1992 Gesamtsieger im Rad-Weltcup

Als Steppke habe ich im Mai oft mit einem Kofferradio im Wiesengras gelegen und den faszinierenden Reportagen von der Friedensfahrt gelauscht. Dabei ist sicher der Wunsch entstanden, es einmal wie Täve Schur zu machen. Mir ist damals der Name Heinz Florian Oertel noch nicht bewusst geworden. Florian hat seine letzte Friedensfahrt 1968 kommentiert, danach übernahmen andere seiner Kollegen das Mikrofon. Unvergessen aber ist Florians Reportage von der Straßenweltmeisterschaft 1960 auf dem Sachsenring, als sich der bis dahin eher unbekannte Bernhard Eckstein das Regenbogentrikot vor Täve Schur sicherte. Da ich in diesem Jahr das Licht der Welt erblickte, konnte ich mir natürlich erst Jahre später dieses Wahnsinnsrennen ansehen. Ich habe Heinz Florian Oertel nicht nur von Übertragungen aus dem Fernsehen gekannt und geschätzt, sondern wir haben uns bei vielen Sporthöhepunkten und den Olympischen Spielen gesehen und auch immer einige Worte gewechselt. Ich durfte auch Gast der Sendung »Porträt per Telefon« sein, und da hat er den Fernsehzuschauern nicht nur den Radsportler, sondern den Menschen Olaf Ludwig vorgestellt beziehungsweise nahegebracht. Dafür bin ich Florian heute noch sehr dankbar.

Eine gemeinsame Veranstaltung, eine Autogrammstunde mit Heinz Florian Oertel, wird mir unvergessen bleiben. Wir beide saßen da, und der Ansturm der Autogrammsammler war gewaltig. Nach einer Weile bemerkte ich, dass Florian bei jedem dritten Namen nachfragte. Warum wohl? Es ging um die Schreibweise: Katrin mit »h« oder ohne, mit »K« oder »C«, Madeleine französisch oder oder ... Dabei war Florian immer freundlich, höflich, geduldig. Er legte großen Wert darauf,

Zieldurchfahrt bei den Olympischen Spielen in Seoul 1988

dass er seine Widmungen richtig schrieb. Diese Autogrammstunde war für mich gleichzeitig eine Lehrstunde. Ich spürte bei dieser Veranstaltung nicht nur, wie nützlich, wertvoll und unerlässlich das souveräne Beherrschen der deutschen Sprache ist, wenn man sich mit dem Mikrofon an Millionen von Zuschauern oder Zuhörern wendet, sondern erlebte quasi mit, was es heißt, sich auch im kleinsten Detail um die präzise Anwendung der Sprache zu bemühen. Und das, lieber Florian, ist etwas, das Deine Kommentare immer auszeichnete.

In diesem Sinne weiterhin »Hals- und Beinbruch« wünscht Dir ...

Friedensfahrt Warschau Prolog 1983

Manfred Matuschewski

Zweifacher Europameister im 800-Meter-Lauf

Es ist wie verhext, aber ich weiß es leider nicht – sind die Worte von Dir, Heinz Florian?

1962 wurde ich in Belgrad Europameister über 800 Meter, damit war ich der erste Titelträger für die Leichtathletik der DDR überhaupt, obwohl bereits viele Athleten die Welt bereist hatten und in den Stadien ihre Weltklasse zeigten. Vier Jahre später, 1966 in Budapest, stand ich wieder ganz oben auf dem Siegertreppchen, flankiert von Franz-Josef Kemper und Bodo Tümmler. Drei Deutsche teilten sich die Medaillen, ich genoss meinen zweiten Titel und dachte schon an Athen, wo ich 1969 den »Hat-Trick« in Angriff nehmen wollte, nämlich zum dritten Mal Gold gewinnen. Die Chancen standen nicht schlecht, doch ein Infekt vor dem Endlauf nahm mir die Luft und die Kraft für meinen so berühmten und für die Konkurrenz berüchtigten Endspurt. Ich habe mich unter diesen Umständen sehr über meine Bronzemedaille gefreut, ist doch der Europameistertitel in meinem Erfurter Klub geblieben – Dieter Fromm siegte unter der Akropolis. Der Vollständigkeit halber sei erwähnt, dass 1998 wieder der Europameistertitel nach Erfurt ging, Nils Schumann war der strahlende Sieger.

Heinz Florian hat ja im Laufe seines langen Reporterlebens viele neue Begriffe kreiert, kann sein, dass er auch für meine Bezeichnungen als »Matuschewski der Millimeterläufer« und »Millimeter-Matu« verantwortlich ist, aber leider verlässt mich hier mein Gedächtnis. Vielleicht können wir das mal persönlich klären?

In meiner dreizehnjährigen Sportlerkarriere gab es noch ein Highlight, das Europacupfinale 1967 in Kiew (für alle jüngeren Leser: damals war Kiew noch Bestandteil der UdSSR, die Ukraine als selbständiges Land gab es da noch nicht). Für den Europacup galt eine besondere Regelung: Es gab ein Punktsystem nach Platzierung, die

Siegerehrung 800-Meter-Lauf bei der EM in Budapest 1966: 1. Matuschewski, 2. Kemper, 3. Tümmler (beide BRD)

individuellen Ergebnisse zählten weniger, alles ordnete sich der Platzierung unter. Für dieses Cupfinale war ich über 800 Meter qualifiziert, aber die Trainer waren sich über die Besetzung für den 1500-Meter-Lauf im Unklaren. Da taktische Rennen zu erwarten waren, gab es keinen Mittelstreckler, der eine vordere Platzierung gewährleisten konnte. Deshalb wurde im Trainingslager in Kienbaum darüber diskutiert, ob ich einen Doppelstart absolvieren sollte; Voraussetzung war, dass ich in Kienbaum eine bestimmte Zeit über 1200 Meter schaffen musste. Ich bestand den Test, und mein Doppeleinsatz wurde beschlossen.

In Kiew standen die 15 000 Meter am ersten Tag auf dem Programm, es wurde ein taktisches Rennen, und die Zwischenzeiten kamen mir für meinen Endspurt entgegen: Ich gewann vor dem amtierenden Europameister Bodo Tümmler und ging mit diesem Sieg moralisch gestärkt am nächsten Tag in den 800-Meter-Wettbewerb, den ich wieder gewann und dabei Franz-Josef Kemper hinter mir ließ. Als Mannschaftskapitän hatte ich damit meinen maximalen Beitrag für die Mannschaft geleistet, aber der Sieg der UdSSR-Mannschaft war nicht zu gefährden.

Als ich mich auf diesen Beitrag für Heinz Florian hier vorbereiten wollte, fand ich in meinem Trophäenschrank zwei Tonbänder. Auf einer Papphülle konnte ich noch »Europacup Kiew« entziffern, mehr leider nicht. In Erinnerung ist mir, dass diese Rundfunkübertragung von Heinz Florian sein musste. Der Sohn eines Bekannten wollte mir helfen und dieses Band auf CD brennen. Beim Abhören des Bandes war aber nur ein unverständliches Grummeln zu hören, kein Wort war zu verstehen, offensichtlich trafen hier sehr verschiedenen Bandgeschwindigkeiten aufeinander. Nun versuche ich jemanden zu finden, der diesem Band seine Worte in verständlicher Form entlocken kann ... 45 Jahre nach dem Kiewer Finale wäre es für mich eine tolle Erinnerung an meine erfolgreichen Rennen, die Heinz Florian durch seine Kommentare zum einzigartigen Erlebnis werden ließ. Dafür, Heinz Florian, möchte ich mich bei Dir bedanken und sende Dir gleichzeitig die besten Wünsche zu Deinem 85. Geburtstag!

113

MARITA MEIER-KOCH

*Goldmedaille über 400 Meter bei den Olympischen Spielen 1980.
»Sportlerin des Jahres« 1978, 1979, 1982, 1983 und 1985. Dreifache
»Weltsportlerin des Jahres«. »Europas Sportlerin des Jahres« 1985, drei
Weltmeistertitel, sechs Europameistertitel*

Die Stimme von Heinz Florian Oertel habe ich bereits im Kindesalter
kennengelernt. Unsere Familie hat sich besonders gern Eiskunstlauf-
sendungen angesehen, und da kam man an der einmaligen Stimme
von Heinz Florian Oertel einfach nicht vorbei. Persönlich habe ich ihn
etwa 1976/77 kennengelernt. Als er mich in seine Sendung »Porträt
per Telefon« eingeladen hat, haben mir aber doch etwas die »Knie ge-
zittert«, denn so lange in einem Studio vor einer Fernsehkamera – das
gehörte keineswegs zu meinen liebsten Freizeitbeschäftigungen. Aber
Heinz Florian hat mir in seiner charmanten Art jede Art von Beklemmung genommen, und die Zeit verging wie im Fluge.

Ich gehörte nicht zu den Aktiven, die sich immer sofort vor jedes
Mikrofon drängeln mussten, mir waren meine sportlichen Auftritte
immer wichtiger – es gab die Ausnahme Heinz Florian. Wenn ich zu
verschiedensten Anlässen Einladungen bekam, war für mich immer
wichtig, wer der Moderator der Veranstaltung war. Führte Heinz
Florian durch den Abend, bin ich immer gutgelaunt zu der Veranstaltung gegangen, wusste ich mich doch bestens aufgehoben. Die Aus-
zeichnungsveranstaltungen »Sportler des Jahres« wurden sehr oft
von Heinz Florian moderiert, und der Abend bekam einen doppelten
Glanz durch ihn.

Eine unverhoffte Begegnung mit Heinz Florian hatte ich im Jahr
2000. Ich feierte mit rund 60 Gästen das zehnjährige Bestehen meines
Sportgeschäftes in Rostock und hatte gelesen, dass Heinz Florian und
Kristin Otto in der Rostocker Weiland-Buchhandlung in der Nähe
meines Geschäftes aus ihrem Olympiabuch »Sydney 2000« lasen. Ich
spielte da schon mit dem Gedanken, was wäre wenn ... Aber verwarf

Marita Meier (re.) mit Brigitte Köhn

ihn gleich wieder, weil er mir zu unrealistisch erschien. Und dann passierte es doch: Zu späterer Stunde, wir waren alle fröhlich am Feiern, ging auf einmal die Tür auf, und Heinz Florian und Kristin Otto kamen herein. Wer Heinz Florian kennt, der weiß auch um seine Aura. Schlagartig zog er das Interesse auf sich. Einige meiner Gäste rieben sich verwundert die Augen, sie glaubten zu träumen. Durch die Anwesenheit von Heinz Florian hatte mein Ladenjubiläum noch einen wunderbaren Höhepunkt erhalten.

Der damalige Besuch war überraschend einmalig, aber, Heinz Florian, ich möchte Dich sehr gern zu einem anderen jährlichen Sporthöhepunkt einladen und hoffe sehr, dass es Dein Gesundheitszustand erlauben wird: Jedes Jahr im November wird auf der schönen Insel Usedom im Sporthotel »Baltic« der »Marita-Koch-Nachwuchsförderpreis« verliehen. Leider hat es noch nie geklappt, Dich als Ehrengast begrüßen zu können – vielleicht aber in diesem Jahr? Dabei würdest du auch viele ehemalige Spitzenathleten wiedertreffen, deren sportliche Leistungen Du früher kommentiert hast.

Florian, Gesundheit und Wohlergehen für Dich und Deine Familie, aber vor Deinem Jubiläum bitte noch ein Treffen am Strand von Zinnowitz!

Marita Koch

Birgit Michailoff-Radochla

Olympische Silbermedaille im Turnen 1964

In den 50er Jahren führte die berühmte Friedensfahrtstrecke direkt an meinem Elternhaus in Döbern, in der Lausitz, vorbei. So erlebte ich schon als Kind Heinz Florian Oertel mit seinen packenden, emotionalen Reportagen. Später, als Schülerin an der Kinder- und Jugendsportschule in Forst – wir unterbrachen sogar unser Training – hingen wir in großen Trauben vor dem Fernsehgerät mit der kleinen Bildröhre, verfolgten gespannt jede Etappe und hörten mucksmäuschenstill jeder seiner fesselnden Berichterstattungen mit ganzer Aufmerksamkeit zu. Die Friedensfahrt im Mai war für uns das aufregendste und beliebteste Sportereignis des Jahres und wurde durch Heinz Florians Kommentare unvergesslich.

Meine ersten Erlebnisse mit Heinz Florian Oertel reichen aber noch weiter zurück und haben mit meiner Familie zu tun. Ich bin in einer Turnerfamilie aufgewachsen, mein Vater Helmut war ein Eliteturner, 1949 war er der erste DDR-Meister am Seitpferd, und so wurden wir Mädchen schon sehr früh mit allen Belangen des Sports vertraut gemacht und lernten von unseren Eltern das Turn-ABC von der Pieke auf. Heinz Florian Oertel berichtete als Lokalreporter bereits über das Turnen in der Lausitz und über die sportlichen Erfolge meines Vaters und prägte damals den Begriff »Turnerfamilie Radochla aus dem Lausitzer Döbern«! Niemand konnte ahnen, dass ich einmal der »Turnerfamilie Radochla« die Krone aufsetzen würde, wie HFO es formuliert hat. Mit meiner olympischen Silbermedaille im Pferdsprung 1964 in Tokio gewann ich nicht nur »unsere olympische Familienmedaille« – nein, ich hatte das große Glück, die erste deutsche olympische Turnmedaille nach dem Zweiten Weltkrieg zu gewinnen. Heinz Florian schrieb später in der »Lausitzer Rundschau«: »Birgit Radochla ließ meine lokalpatriotische Cottbuser Brust schwellen, und ich musste bei den Olympischen Spielen 1964 im fernen Tokio in der internatio-

»Radochla-Rolle« am Stufenbarren; mit Trainer Herbert Hoffmann, 1963

nalen Reporter-Kantine einen doppelten Whisky auf unsere Silbermedaille zischen – Prost Birgit!«

... also, ob das mit dem Whisky wirklich stimmt? Eigentlich kennt
man von Dir etwas andere Trinkgewohnheiten.

Aber nun ein herzliches Prosit auf Deinen 85., lieber Florian, für
Dich einen großen Strauß voller Sonnenstrahlen, beste Gesundheit
und noch viel Schaffenskraft! Behalte Deine Frohnatur!

Herzlichst

DDR-Meisterschaften 1964 in Halle, Bodenturnen

Reinhard Mirmseker

1967 DDR-Vizemeister im Eiskunstlauf. 1969 Rang 3 im Paarlauf. Internationaler Eiskunstlaufpreisrichter

Ein »Doppellasso« – Paarlaufhebefigur im Eiskunstlaufen – für Heinz Florian Oertel

Solange ich ihn kenne – das sind nun auch schon mehr als 45 Jahre –, fängt er mit geschliffenen, unterhaltsamen Worten sein Publikum wie mit einem Lasso ein und zieht es in den faszinierenden Bann des Sports und der Unterhaltung.

1967 war es, als Heinz Florian Oertel bei der Europameisterschaft in Ljubljana meine damals eher mäßigen sportlichen Leistungen kommentierte. Später dann waren es die Wettkämpfe mit meiner Eislaufpartnerin Beatrice von Brück. Am häufigsten begleiteten mich jedoch seine Kommentare in meiner Zeit als Preisrichter mit den großen Erfolgen von Katarina Witt in den Jahren 1983 bis 1988. Ich werde nie vergessen, wie fair er gegenüber uns Preisrichtern war. Er wusste, dass jahrelange Erfahrung und Praxis Voraussetzungen dafür waren, wenn man sich in Sekundenschnelle für eine Wertung entscheiden musste.

Oertel war klar, dass Wertungsrichter keine »Ganoven« sind, wie andere immer wieder gern behaupteten, sondern dass da echte Leistungen dahinterstehen. Er selbst hat sich die notwendigen Fachkenntnisse mit ungeheurem Fleiß über Jahre hart erarbeitet. Nicht selten sah man ihn bei den großen Meisterschaften wie EM, WM und Olympia schon morgens um 6.30 Uhr in der Eishalle beim Training, um sich einen Überblick zu verschaffen. Immer bescheiden und unaufdringlich. Deshalb wusste er dann auch stets, worüber er sprach. Während die Damen vom ZDF erst kurz vor Wettkämpfen mit großem Auftritt in der Halle erschienen und schnell wieder verschwanden. Dementsprechend fielen dann auch deren Kommentare aus.

Mit Partnerin Beatrix von Brück

Oertel war also immer bestens vorbereitet. Und wenn er einmal nicht ganz sicher war, hatte er gute Freunde. Wie in anderen Sportarten auch, waren seine Eislauf-Kommentare legendär. Eine seiner Glanzleistungen war für mich die Kommentierung der Kür zu einer deutschen Meisterschaft, in der Gaby Seyfert wohl viermal stürzte. Mit galanten Worten suggerierte er den Fernsehzuschauern, dass dies trotzdem eine meisterliche Leistung gewesen sei.

Für mich war und ist Heinz Florian Oertel ein großes Vorbild. Ich habe seine Sendung »Porträt per Telefon« unheimlich gern gesehen. Allein die Art zu fragen – immer bestens Bescheid wissend, stets zurückhaltend und nie auf Kosten der Gesprächspartner – war beispielhaft. Gerade auch seine Vielseitigkeit schätze ich so sehr: Sport in den unterschiedlichsten Varianten, ob für den Berliner Rundfunk, für das Adlershofer Fernsehen und Unterhaltung in großen Shows oder kleinen Formaten.

Wenn ich Heinz Florian beschreiben soll, dann sind es folgende Eigenschaften: Geradlinigkeit, Fairness, Toleranz, Loyalität und unendlicher Fleiß!

Alles Tugenden, die man heute in der Medienwelt kaum noch findet.

Deshalb Danke, lieber Heinz Florian, und nach altem Wertungsmodus von mir in A- und B-Note 6.0!

Jutta Müller

Erfolgreichste Eiskunstlauftrainerin der Welt. Ihre Schützlinge holten 31 Mal Gold, 18 Mal Silber und 9 Mal Bronze bei internationalen Meisterschaften und Olympischen Spielen

Gern und mit Freude erinnere ich mich an die Jahre, in denen Heinz Florian uns während der Entwicklung des Eiskunstlaufs begleitete und zur Seite stand. Das gilt sowohl für die Anfangszeit unter oft komplizierten Bedingungen, als auch für die spätere Zeit mit den herausragenden internationalen Erfolgen unserer besten Aktiven. Anfangs staunten wir Trainer aus Chemnitz, Berlin und Dresden nicht schlecht, als uns der populäre Reporter und Kommentator Heinz Florian Oertel zielgerichtet ansprach, fleißig beim Training hospitierte und uns mit Fragen regelrecht »löcherte« ... auch zu sehr frühen Tageszeiten! Es ging ihm darum, sich schnell mit der Spezifik unserer Sportart vertraut zu machen; er lernte die Sprünge, Kombinationen und Pirouetten und konnte bald sach- und fachgerecht über die Wettkämpfe berichten. Mit diesem Wissen war er einer der ganz wenigen Eiskunstlaufkommentatoren dieser Welt, die die Unterschiede der einzelnen Sprünge nicht nur kennen, sondern auch erkennen!

Heinz Florian hat das Gespräch mit Trainern und Sportlern gesucht, um deren Vorhaben und Anliegen in seine Reportagen und Kommentare einfließen lassen zu können. Er wollte immer, typisch für Heinz Florian, nicht nur über den Wettkampf schlechthin, sondern auch über die Läuferinnen und Läufer selbst und die Begleitumstände berichten. Seine oft kritischen Anmerkungen und Hinweise waren stets konstruktiv. Danke, Heinz Florian, für Deine auch für das Eiskunstlaufen so vielen richtigen und hilfreichen Worte!

Herzliche Grüße und alles Gute!

Heinz und Christine Nestler

Trainer Ski-Nordisch. Ihre Athleten gewannen bei Olympischen Spielen und Weltmeisterschaften: viermal Gold, siebenmal Silber und sechsmal Bronze

85 Jahre, eine Unmenge an Reportagen, gesprochen von fast allen Teilen dieser Erde zu allen Jahreszeiten, dabei fast alle Höhepunkte des DDR-Sports nicht nur miterlebt, sondern auch den Zuschauern oder Zuhörern erlebbar nahegebracht – dazu wollen wir ganz herzlich gratulieren.

Seit den 60er Jahren hatten wir die Möglichkeit, bei vielen nationalen und internationalen Wettkämpfen gemeinsam mit Heinz Florian unterwegs zu sein. Bei diesen Veranstaltungen beeindruckten uns immer wieder sein umfangreiches Wissen über unseren Sport und seine Achtung und Anerkennung gegenüber den Athleten, die er besonders uns Ausdauersportlern und Trainern entgegenbrachte. Dabei sind auch für den Reporter die Arbeitsbedingungen beim Nordischen Skisport durch Minusgrade, Nebel, Schneestürme sehr anders als bei einer hochkarätigen Leichtathletikveranstaltung in einem sonnenüberfluteten, sommerlich bunten Stadion.

Trotzdem spürten wir das Gefühl menschlicher Wärme und Aufmerksamkeit, das von Heinz Florian immer ausging, auch wenn unsere Platzierungen mal nicht mit Gold, Silber oder Bronze honoriert werden konnten.

Anlässlich einer Familienfeierlichkeit im letzten Jahr überraschten uns unsere Kinder Mario und Ute mit einem Fernsehinterview von den Olympischen Winterspielen 1968 in Grenoble. Heinz Florian interviewte nach dem 10-Kilometer-Skilanglauf Christine, die als beste Deutsche einen guten 9. Platz belegt hatte. Was den Zuschauern verborgen geblieben war: Christine hatte sich sehr unwohl gefühlt. Die nordischen Skiwettbewerbe fanden in Autrans statt. Um rechtzeitig zur Fernsehsendung im TV-Studio in Grenoble zu sein, wurde sie so-

Glückwünsche von Ortrun Enderlein, der 1. Olympiasiegerin im Rodeln, für Christine Nestler

fort nach dem Ende ihres Wettkampfes in einen Pkw »verfrachtet«, der in halsbrecherischer wilder Fahrt die Serpentinen nach Grenoble hinunter raste ... Das Studio wurde pünktlich erreicht und Christine von Heinz Florian in seiner unnachahmlich freundlichen Art in Empfang genommen. Sie versuchte auch zu strahlen, obwohl ihr Magen noch rumorte, aber schließlich saß im heimischen Oberwiesenthal die damals siebenjährige Tochter Ute vor dem Fernsehgerät, fieberte dem Interview mit ihrer Mama entgegen und erwartete natürlich strahlende Grüße.

Als wir dieses Interview über vierzig Jahre später noch einmal sahen, kamen nicht nur viele Erinnerungen auf, sondern wir fanden auch unsere Meinung über Heinz Florian bestätigt. Auch die Reportage während des Wettkampfes zeigt sein Können und seine Fairness, als er den grauen Himmel und den pappigen Schnee beschrieb und dann die Laufleistung von Christine als sehr gut bezeichnete, trotz – nein, wegen des Rückstandes von nur über zwei Minuten auf die Siegerin.

2003 erlebten wir in Bärenstein im Rahmen der Sportlergala des Erzgebirgskreises Annaberg-Buchholz Heinz Florian als Ehrengast dieser Veranstaltung. Wir staunten und waren begeistert, wie er die Vergangenheit mit Ergebnissen, Namen und Ereignissen in die Gegenwart zurückholte und ohne Pause mit Worten brillierte.

Wir wünschen Heinz Florian vor allem Gesundheit, noch viele schöne Erlebnisse, vielleicht auch ein Wiedersehen und freuen uns auf ein weiteres Olympiabuch – LONDON 2012.

Mit sportlichen und herzlichen Grüßen von Christine und Heinz Nestler aus dem schönen Oberwiesenthal im Erzgebirge!

KLAUS OSTWALD

Skiflugweltmeister 1983. Weltcup-Sieger 1982 und 1983

Sehr geehrter Herr Oertel,
ich möchte Ihnen zu Ihrem bevorstehenden Jubiläum ganz herzlich gratulieren und mich für die Zeit bedanken, die wir zusammen verbringen konnten. Das Video von meinem Goldflug bei der Skiweltmeisterschaft 1983 in Harrachow wird in unserer Familie immer wieder gezeigt, natürlich mit Ihrem Kommentar. Der große Kristallpokal, den ich für meinen Sieg erhalten habe, steht in meiner Klingenthaler Wohnung und erinnert mich stets an diese Stunde, die durch Ihren Kommentar die Krönung erhielt.

Vielen Dank für diese unvergesslichen Momente!

Ich wünsche Ihnen alles Gute, viel Gesundheit und ein stressfreies Leben.

WERNER OTTO

Olympia-Silber im Bahnradsport 1972. Weltmeister 1969 und 1971

Meine erste Begegnung mit Heinz Florian Oertel hatte ich als Starter bei der »Kleinen Friedensfahrt« in meiner Heimatstadt Dresden. Diese Begeisterung der Zuschauer, als wir ins Stadion einfuhren, von Heinz Florian live kommentiert! Da wurden wir endgültig vom »Virus« Radsport infiziert. Als Jugendlicher bin ich sowohl auf der Straße als auch der Bahn gestartet. In drei Jahren habe ich 125 Siege errungen. Mein endgültiger Wechsel zu den Bahnradfahrern kam nach einer Juniorenmeisterschaft auf der Straße, wo ich »nur« den 3. Platz belegte. Heinz Florian hat zu dieser Zeit oft mit uns gesprochen und uns mit seinem Enthusiasmus für den Radsport gewonnen. Seine Reportagen von den olympischen Bahnradsportwettbewerben 1960 aus Rom, bei denen er die Namen der erfolgreichen Italiener quasi ins Mikrofon »sang«, packten uns und ließen uns davon träumen, auch einmal solche Triumphe zu feiern. Nun war Heinz Florian nie nur ein »Theoretiker«, sondern hat selber viel Sport getrieben: Wir haben ihn abends oft im Sportforum Hohenschönhausen getroffen, wo er seine Stadionrunden lief oder in der Schwimmhalle seine Bahnen zog, anschließend saßen wir oft gemeinsam in der Sauna. Durch diese Nähe zu den Trainern und Sportlern kam Heinz Florian an »Insiderwissen«. Er hat es in seinen Reportagen zu nutzen gewusst, aber immer zum Wohle des Athleten. Nach der Wende, als ich meinen Laden in Berlin-Pankow am Pastor-Niemöller-Platz eröffnete, führten seine Spaziergänge oft dort vorbei. Wir haben uns Zeit für einen Plausch genommen, und Heinz Florian war weiterhin neugierig und wissensdurstig.

Lieber Heinz Florian, ich sende Dir zu Deinem 85. die besten Grüße »um die Ecke« und wünsche Dir natürlich Gesundheit!

Helmut Recknagel

Olympiasieger 1960 in Squaw Valley. Weltmeister 1960 und 1962

Heinz Florian Oertel, einer der besten Reporter, den die Sportwelt erlebt hat. Nicht nur in einer Disziplin, sondern in zahlreichen – auch sehr unterschiedlichen.

Unvergessen und tief beeindruckend bleibt für mich seine beherzt zuschlagende Reportage meines WM-Meistersprunges von 103 Metern zur Weltmeisterschaft 1962 im polnischen Zakopane. Heinz Florian formulierte: »Der Sprung geht weit, weit, weit ... Das sind 100 Meter ... Junge, Junge war das eine Traumreise, ein Gedicht, bravo, bravo ... Das war kein Menschensprung – das war ein Adlersturz!«

Die Menschen daheim waren begeistert über die anschaulichen Worte, mit denen du unsere Leistungen darstelltest. Denn für Reporter wie für Sportler gilt: An dem, was wir machen, sollen andere teilhaben. Mit unserem Kampf um Bestleistungen wollen wir nicht nur unseretwegen in die Öffentlichkeit, sondern auch die hohen Erwartungen erfüllen, Freude bereiten und Dankbarkeit erweisen für die Anteilnahme unserer großen sportbegeisterten Anhängerschaft. Wir lagen uns in den Armen und träumten vom Vogelflug des Menschen. Für die Idee eines friedlichen Weltsports hatten wir einen guten Beitrag geleistet.

Heinz Florian hat viele Höhepunkte meiner Karriere miterlebt und kommentiert, aber auch Niederlagen, wie der Sport sie mit sich bringt. Diese gemeinsamen Erlebnisse haben uns einander nähergebracht, und noch heute haben wir freundschaftlichen Kontakt, obwohl meine Sprunglatten lange im Ruhestand sind. Ein Paar allerdings kann im Skimuseum am berühmten Holmenkollen bestaunt werden.

Florian, ich gratuliere Dir zu Deinem Jubiläum und wünsche Dir von ganzem Herzen alles Gute, Gesundheit und durchaus noch die ein oder andere Idee für ein neues Buch.

DIETMAR SCHAUERHAMMER

DDR-Meister im Fünfkampf in der Halle 1976, 1977, 1979 und 1980. Doppelolympia-Sieg im Zweier- und Viererbob 1984 sowie Wahl zum »Sportler des Jahres« mit der Mannschaft. 1985 und 1986 Weltmeister im Zweierbob

Lieber Florian, als Allererstes möchte ich Dir, auch im Namen meiner Familie, zu Deinem Jubiläum die allerbesten Grüße übermitteln und Dir vor allem persönliches Wohlergehen wünschen.

Was fällt mir ein, wenn ich den Namen Heinz Florian Oertel höre?

Du warst in Deinem Metier als Sportreporter einfach einer der Besten, hast uns alle mit Deinem umfangreichen Wissen beeindruckt und warst nicht zuletzt dadurch auch ein begnadeter Entertainer, der von den Zuschauern wiederholt zum Fernsehliebling der DDR gewählt wurde. Deine Vielseitigkeit sucht in der heutigen Zeit leider ihresgleichen. Auch Du hättest für Deine Leistungen mindestens eine »Medaille« verdient.

Persönlich haben wir uns nur selten getroffen, aber immer warst Du souverän und herzlich, und ich ziehe den Hut vor Dir.

So mancher Deiner Kommentare wurde zum geflügelten Wort, und nicht nur ich hätte gerne mal erlebt, wie Du einen rasanten Bobwettkampf mit all seinen technischen Raffinessen und athletischen Gegebenheiten auf Deine so unnachahmlich lebendige Weise kommentierst.

Es gibt eigentlich nichts, was man bezüglich der Akribie Deiner Recherchen kritisch anmerken könnte, aber nach unserem Olympiasieg 1984 in Sarajevo – nach 28 Jahren weiß ich nicht mal mehr genau, ob es nach unserem Sieg im Zweier- oder Viererbob war – hast Du mich nach einem Interview in echte Schwierigkeiten gebracht.

Nach unserem Wettkampf war unsere Crew bei Dir ins Olympiastudio Sarajevo eingeladen. Nachdem Du Deine Glückwünsche ausgesprochen und die der Fernsehzuschauer überbracht hattest, frag-

Wolfgang Hoppe und Dietmar Schauerhammer

test Du mich unter anderem, wo ich geboren wurde. Wahrheitsgetreu wollte ich ausführen, dass meine Mutter damals wegen einer zu erwartenden schwierigen Zwillingsgeburt in Neustadt/Orla im damaligen Kreis Pößneck ins Krankenhaus eingeliefert wurde, und dass mein Zwillingsbruder und ich aus diesem Grund dort zur Welt kamen, ich aber ansonsten mit dieser Stadt keine weitere Verbindung hätte. Des Weiteren hatte ich vor, zu erklären, dass meine eigentliche Heimatstadt Auma ist und auch meine ganze Verwandtschaft mit Eltern, vier Geschwistern und deren Familien sowie viele Freunde und Sportfans dort und in der näheren Umgebung zu Hause sind und alle während der Wettkämpfe mitgefiebert hatten.

Dazu kam ich aber nicht, da Du unmittelbar nach meinem Satzanfang »Geboren wurde ich in Neustadt an der Orla ...« bereits Wolfgang Hoppe das Mikrofon unter die Nase gehalten hast.

Du kannst Dir nicht vorstellen, was diese fragmentarische Äußerung für eine Lawine und einen Sturm der Entrüstung ausgelöst hat. In Neustadt verbreitete sich die Nachricht von einem Olympiasieger in ihrer Stadt wie ein Lauffeuer, und die Stadtverwaltung mit dem Bürgermeister an der Spitze wollte ihren vermeintlichen Helden natürlich würdig empfangen. Umgehend begannen die Recherchen, wo denn das Zuhause von Dietmar Schauerhammer sei. Wie mir dann später zu Ohren kam, sollen dort zu diesem Zeitpunkt fünf Familien Schauerhammer gewohnt haben, aber fatalerweise war keine mit mir verwandt.

Die Reaktionen in meiner Heimatstadt Auma wiederum kannst Du Dir bestimmt lebhaft vorstellen. Alle, die davon hörten, waren empört, verstanden die Welt nicht mehr und protestierten, was ich überhaupt mit Neustadt zu tun hätte, ich sei schließlich ein Kind der Stadt Auma und »ihr« Olympiasieger! Aber zu guter Letzt nahm das Ganze einen guten Ausgang, und nach den Olympischen Spielen wurde mir von den Bürgern meiner Heimatstadt ein denkwürdiger Empfang bereitet, den ich nie vergessen werde. Als meine Familie und ich aus dem Linienbus an der berühmten Postsäule auf dem Marktplatz ausstiegen, war nicht nur der Busfahrer überrascht, einen waschechten Olympiasieger chauffiert zu haben, sondern auch ich total aus dem Häuschen, dass anscheinend der ganze Ort auf den Beinen war. Ich wurde nicht nur von meiner Familie, und vielen Freunden auf das Herzlichste empfangen, auch die Honoratioren der Stadt waren da, und die Schalmeienkapelle, deren Mitglied ich früher war, spielte zur Begrüßung. Auch meine früheren Sportlehrer und Übungsleiter waren gekommen, und ich erlebte mit allen einen unvergesslichen Tag. Man hatte mir und Dir ganz offensichtlich vergeben!

Feiere richtig und genieße, was das Leben zu bieten hat! Ich hoffe, wir sehen uns bald einmal wieder.

WERNER SCHILDHAUER

1983 Weltmeisterschafts-Silber über 5 000 Meter und 10 000 Meter

Nach einer erfolgreichen Leichtathletiksaison 1981 wurde ich zu einer Sportsendung zum Fernsehfunk nach Berlin-Adlershof eingeladen. Nachdem ich in der Maske auf meinen Auftritt vorbereitet worden war, wartete ich im Studio auf meinen Auftritt. Es lief ein MAZ-Einspiel, und kurz vor dessen Ende informierte der Regisseur den Moderator Heinz Florian, dass der nachfolgende Beitrag noch nicht fertig geschnitten sei und er doch bitte die Zeit irgendwie überbrücken solle. Sofort legte Heinz Florian in seiner unnachahmlichen Art und Weise los und philosophierte über eine damals noch neue, nicht so bekannte Trendsportart – das Surfen / Windsurfen. Er erzählte über diese Sportart, als wäre der Beitrag geplant und im Programm vorgesehen; kein Fernsehzuschauer merkte, dass hier eine Panne vorlag und Heinz Florian diesen Lapsus gekonnt und routiniert »wegredete« ... Diese spontane Leisung beeindruckte mich sehr und wird mir für immer in Erinnerung bleiben.

Einige Jahre später, 1983, reiste die Leichtatletik-Nationalmannschaft zu einem Länderkampf gegen die USA nach Los Angeles. Der Wettkampf fand in Vorbereitung der Olympischen Spiele 1984 an gleicher Stelle statt und diente dem Kennenlernen der Wettkampfstätten. Die Wettkämpfe waren aus unserer Sicht sehr erfolgreich gelaufen, am Abend gab es eine kleine Abschlussfeier, und am nächsten Tag wartete der Flieger auf den Rückflug nach Europa. Wir traten, noch vom Wettkampf geschafft und auch von der kurzen Nacht gezeichnet, die Rückreise an. Das Flugzeug brachte die Nationalmannschaft und die Journalisten gemeinsam nach Berlin. Da die Reise von der Westküste der USA bis nach Europa, unterbrochen durch einige Zwischenstopps, einige Stunden dauerte, ging jeder seiner eigenen Beschäftigung nach. Es wurde geschlafen, gegessen, gelesen, man sah sich Filme an, unterhielt sich – nicht so Heinz Florian Oertel.

Zieleinlauf bei der WM 1983 Helsinki, Silber über 5 000 m

Er arbeitete, das heißt, er schrieb, las, vervollständigte seine Statistiken. Die Informationen über die einzelnen Sportler hatte er auf Karteikarten archiviert und aktualisierte diese ständig, und da lieferte ihm der gerade durchgeführte Länderkampf natürlich viele neue Fakten.

Dieses »Flugerlebnis« mit Heinz Florian Oertel war für mich auch eine Erklärung für sein immenses, immer abrufbares Wissen und die darauf basierende Fähigkeit, sich sofort auf jede neue Situation einzustellen.

Aber Karteikarten sind das eine, ein phänomenales Gedächtnis das andere. Bei einer Begegnung Anfang des neuen Jahrtausends in Halle konnte mir Heinz Florian Oertel detailliert bestimmte Rennsituationen zu meinen erfolgreichen Läufen erzählen und auch erklären.

Herzliche Glückwünsche aus Halle! Möge es noch viele Gelegenheiten geben, Ihr Wissen der Allgemeinheit weiterzugeben, wünscht Ihnen

146

MARGIT SCHUMANN-ESMARCH

Olympisches Gold im Rennrodeln bei den Winterspielen 1976. 1972/73 DDR-Meister sowie Europa- und Weltmeister, ein Dreifacherfolg, den sie 1974 und 1975 wiederholte. 1977 erneut Weltmeistertitel

Als Favoritin reiste ich 1976 zu den Olympischen Winterspielen nach Innsbruck, hatte ich doch meine letzte »Niederlage« vor vier Jahren während der Olympischen Winterspiele in Sapporo am Mount Teine erlitten. Es reichte für mich »nur« zu Bronze, hinter meinen Mannschaftskameradinnen Anna-Maria Müller und Ute Rührold. Die Rennschlittenmannschaft der DDR stand stets unter »besonderer Beobachtung«, versuchte man doch immer wieder, uns Betrug zu unterstellen. Die Beschuldigungen nahmen dabei sehr bizarre Formen an. Den damit verbundenen nervlichen Ballast galt es neben der Konzentration auf die eigentlichen sportlichen Wettkämpfe mit zu verarbeiten. Aber meine Siegesserie hielt, und ich bekam endlich die so von mir ersehnte olympische Goldmedaille. Das Echo aus der Bevölkerung über diesen Erfolg war riesig, aber ein Schreiben ragte heraus: Ich bekam eine Einladung von Heinz Florian Oertel in seine beliebte Sendung »Porträt per Telefon«, um dort den Fernsehzuschauern Rede und Antwort zu stehen. Ich kannte Heinz Florian Oertel bis dahin nicht persönlich, sondern nur aus seinen TV- oder Rundfunksendungen, wo er seinem Ruf als »Bester Sportreporter« immer wieder gerecht wurde und sein Können auch im Unterhaltungsbereich nachwies. Nun sollte ich ihm also gegenübersitzen – und das lange 45 Minuten! Ich wäre lieber mit ihm den mir vertrauten Eiskanal hinuntergefahren!

Als ich ihn im Studio in Berlin-Adlershof traf, herrschte sofort eine vertraute Atmosphäre zwischen uns, und Heinz Florian nahm mir in seiner offenen, einfühlsamen Art die Angst. So war ich dann in der Live-Sendung locker und entspannt, und die Zeit verging wie im Fluge. Toll fand ich auch das abschließende »Verewigen« auf der Auto-

Bei der WM in Igls (Österreich) 1977

grammwand, wo ich meine Unterschrift zwischen viel Prominenz aus Kunst, Kultur, Wissenschaft und Sport setzen durfte. Leider wurde diese Sammlung exklusiver Autogramme »abgewickelt« – deutlicher: Sie wurde zerschreddert.

Aus dieser Begegnung in Adlershof hat sich zwischen Heinz Florian Oertel und mir ein sehr freundschaftlicher Kontakt entwickelt, der bis heute anhält und noch recht lange andauern möge.

In diesem Sinne, Heinz Florian, wünsche ich Dir das Beste und dass Dich Dein Weg auch mal wieder über den Rennsteig führen wird.

Bis dahin ganz liebe Grüße

TÄVE SCHUR

Weltmeister 1958 und 1959. Sechsfacher DDR-Meister. Friedensfahrt-Sieger 1955 und 1959. Achtmal »Sportler des Jahres«

Lieber Heinz Florian, an solchen superrunden Jubeltagen drohen sich Floskeln zu stapeln. Deshalb von mir nur ein schlichter Glückwunsch, und vor allem wünsche ich einen gesunden Lebensabend – Gesundheit kann man sich antrainieren, aber eben nirgendwo kaufen. Also: Alles Gute – in jeder Hinsicht!

Wir beide sind nie ein Rennen zusammen gefahren und waren doch ein Leben lang in einer Mannschaft von Gesinnungsgenossen. Als ich meinen ersten Friedensfahrt-Etappensieg errungen hatte, erzählte man mir hinterher, Du hättest den Hörern jubelnd mitgeteilt: »Wir haben gewonnen!« Als am Abend die Zusammenfassung des Tages gesendet wurde, suchte ich mir ein Radio in der Nähe, weil ich diesen Satz aus Deinem Mund hören wollte. Ich hörte ihn und meinte nicht nur, dass Du wieder einmal treffende Worte gefunden hattest, sondern – ich will nicht übertreiben und sage dennoch – fast historische Worte. Ich will hier keine großen Sprüche klopfen, aber bilden wir uns mal ein: Mein Sieg hat Dich ein wenig zu diesem »vom Ich zum Wir« motiviert ... In den 5 000 Briefen, die im Kleinmühlinger Friedensfahrtmuseum liegen, liest man sie jedenfalls oft, und das mag schon so etwas wie ein gemeinsames Rennen gewesen sein. Stichwort Sachsenring! Irgendwann hattest Du Bernhard Eckstein, den Belgier Willy Vandenberghen und mich in den »Kessel Buntes« eingeladen und dem Publikum mit packenden Worten, in dem nur Dir eigenen brillanten Stil, noch einmal das Finale der Amateur-Straßenweltmeisterschaft 1960 geschildert. Plötzlich sah ich Tränen in den Augen des harten Belgiers neben mir. Selbst ihn hatte unsere Haltung bewegt! Das sollten wir beide nicht vergessen!

Herzlichst, Dein Mitstreiter

GABY SEYFERT

Weltmeisterin im Eiskunstlauf 1969 und 1970. Europameisterin 1967, 1969 und 1970

Heinz Florian war nicht nur wegen seines detailreichen Fachwissens, sondern auch für seine kreativen und bildreichen Einfälle bei der Kommentierung des Sportgeschehens bekannt. Vielleicht konnte er sich deshalb so gut ausdrücken, weil er gelernter Theater-Schauspieler war. Auf alle Fälle war er bei uns Aktiven ein immer gern gesehener, stets freundlicher Mann.

Im Eiskunstlauf hat er uns begleitet, solange ich mich erinnern kann, und war von den Wettkämpfen – ob Olympische Spiele oder Europa- und Weltmeisterschaften – nicht wegzudenken. Am Anfang hatte Flori – wie wir ihn nannten – noch so seine Schwierigkeiten, die vielen verschiedenen Sprünge, Pirouetten und Kombinationen zu unterscheiden. Deshalb hat er sich von den Trainern die Reihenfolge der Abläufe aufschreiben lassen. Aber da ging manchmal auch was schief, denn wenn der Läufer im Verlauf der Kür sein Programm aus irgendwelchen Gründen änderte, blieb Florian schon mal bei der vorgeschriebenen Version in seiner Berichterstattung. So wurde zum Beispiel aus dem angekündigten Dreifach-Salchow ein Doppellutz. Aber Flori wäre nicht Flori, wenn er das nicht durch fleißiges Lernen schon bald geändert hätte. Nach kurzer Zeit konnte man ihm kein X mehr für ein U vormachen – er kannte alle Sprünge beim Namen und erkannte sie auch.

An einen lustigen Versprecher beim Kommentar zu einer meiner Weltmeisterküren erinnere ich mich heute noch gern – Heinz Florian rief aus: »Ihr Röckchen drehte sich im eigenen Wind.«

Lieber Heinz Florian, wenn Sportreporter Wertungsnoten wie wir Eiskunstläufer bekämen: Von mir gäbe es die Sechs!

Gloria Siebert

Olympische Silbermedaille über 100 Meter Hürden 1988 in Seoul

Ich weiß nicht mehr, wann Heinz Florian Oertel auf mich aufmerksam wurde; bei meinen ersten Spartakiadeerfolgen in Senftenberg sicher noch nicht, da war ich gerade 14 Jahre. Auf alle Fälle hat er mich noch unter meinem Mädchennamen Kovarik kennengelernt. Als 17-Jährige wurde ich nicht nur Silbermedaillengewinnerin bei den Junioreneuropameisterschaften, sondern auch Zweite bei den DDR-Meisterschaften über 100 Meter Hürden. So kam ich auch in den Blickwinkel von Heinz Florian. Ich selbst habe ihn da schon lange gekannt, allerdings nicht persönlich. Als Kind saß ich zu Hause in Ortrand bei Eiskunstlaufübertragungen vor der Mattscheibe und verfolgte mit großer Spannung das Geschehen. Dabei zog Heinz Florian mit seinen Reportagen die Fernsehzuschauer in seinen Bann. Er beeindruckte durch seine perfekte Vorbereitung auf die einzelnen Ereignisse sowie die Sportler. Seine Kommentare waren von einer seltenen Einzigartigkeit.

Nach der Wende war ich oft Gast bei den German Meetings in Cottbus. Dort lieferte er stets Galavorstellungen seiner rhetorischen Vielfalt und wertete damit auch immer die Leistung der Aktiven auf. Einmal hat er mit mir ein Interview geführt und wusste – sehr zu meiner Überraschung – bestens über die sportliche Entwicklung meines Sohnes Sebastian Bescheid, der recht erfolgreich über die 110 Meter Hürden lief und bei den Junioreneuropameisterschaften 2001 die Silbermedaille gewann. Wir Lausitzer haben uns sehr geehrt gefühlt, wenn Heinz Florian in seine Reportagen Lausitzer Lokalkolorit einfließen ließ, hat er doch damit seine Heimatverbundenheit vor der ganzen Welt betont.

Heinz Florian, zum runden Jubiläum alles Gute, Gesundheit und noch viele unbeschwerte Stunden in Deiner Lausitzer Heimat!

BERND STANGE

Trainer der DDR-Fußballnationalmannschaft von 1983 bis 1988

Kinder, wie die Zeit vergeht ...

Es war doch erst gestern, als wir den Europameister Frankreich mit Platini, Tigana, und Giresse vor 78 000 Fans in Leipzig besiegten.

Du am Mikrofon da oben und ich da unten auf der Trainerbank.

Schöne Momente, die wir teilten.

Und dann haben wir's vermasselt.

Es war die 87. Minute in Sofia. Freistoß Bulgarien, abgefälscht, René Müller auf dem falschen Bein. Tooor!

Aus der Traum von der Weltmeisterschaft 1986 in Mexiko.

O mein Gott, was hast Du mir, dem damals 37-jährigen Nationaltrainer, am Morgen danach so alles erzählt.

Wieso die in den anderen Sportarten wie Leichtathletik, Schwimmen, Eiskunstlauf und Turnen Weltklasse wären und wir Fußballer nicht.

Und schon war sie da, die Wand der Vorbehalte gegen Dich. Errichtet auch von meinen Lehrmeistern Buschner, Fritzsch, Krügel und Co. Sie meinten immer, der Oertel sei gut, aber kein Fußballer, besser aufgehoben bei den medaillenintensiven Sportarten.

Stimmt so nicht, lieber Florian!

Wer zu seiner Zeit jede Weltmeisterschaft, jede Europameisterschaft, unzählige Europacupspiele und Meisterschaften erlebt hat, der muss die Materie kennen. Er muss sich vorbereiten, Wissen anhäufen, Fragen stellen und letztlich wissen, wie dieser Sport funktioniert.

Jahrzehnte mittendrin weißt Du mehr über unseren Sport, als oberflächliche Kritiker annehmen.

Und ehrlich bist Du gewesen. Einmal hast Du Deinen Respekt zum aufkommenden Frauenfußball öffentlich gemacht. Die Mädchen hätten Zukunft, und es sähe ganz gut aus auf dem grünen Rasen.

Beim Länderspiel DDR-Rumänien in Halle 1988: Bernd Stange (re.) und sein Assistent Harald Irmscher (li.)

Recht hattest Du, damals, in den 80er Jahren. Was geschah? Du wurdest schön zurückgepfiffen von der Sportführung; auch wir, die der Sache durchaus zugetan waren.

Wir brauchten doch die sportlichen Mädchen für andere Sportarten in der kleinen DDR – und der Oertel macht Werbung für Frauenfußball! Es gab eins auf die Mütze. Amüsant aus heutiger Sicht. Übrigens hast Du mir während eines heftigeren Meinungsstreits über den DDR-Fußball lakonisch mitgeteilt, dass Du am Tage meiner Geburt (einem Sonntag!), ein Feldhandballspiel fürs Radio kommentiert hast.

Damit war sie da, die Distanz des erfahrenen Reporters zum jungen Nationaltrainer, der gerade ein Spiel verloren hatte. Clever und anständig gemacht, Du alter Fuchs!

Heute habe ich Dich altersmäßig fast eingeholt, zumindest was das Pensionärsalter betrifft.

Jetzt erlaube ich mir zu sagen, dass es für die Faszination Fußball keinen besseren Darsteller gibt als Dich. Fußball ist weltweit das profitabelste und attraktivste Sportprodukt, und es muss verkauft werden. Nicht mit langweiligen Kommentaren über Taktik und Systeme, sondern mit Emotionen pur und der Kunst des Wortes.

Dafür hast Du immer gestanden, und damit wärest Du auch heute noch einer der Besten!

Meine Anerkennung, Heinz Florian!

Für immer und ewig!

Bleib schön gesund ...

Bernd Stange

Heidemarie Walther-Steiner und Heinz-Ulrich Walther

Heidemarie Walther-Steiner: 1960 DDR-Meisterin im Eiskunstlauf. Mit Heinz-Ulrich vierfacher DDR-Meister im Paarlauf. Weltmeisterschaft-Bronze 1970, Europameisterschaft-Bronze 1967, 1968 und 1970

Es war das Jahr 1964, die Olympia-Ausscheidung für die gemeinsame deutsche Mannschaft fand im Sportpalast in Westberlin statt. Die Startplätze waren begrenzt, und meine Leistungen reichten leider nicht aus. Keine Fahrkarte für die Olympischen Spiele in Innsbruck, meine Eiskunstlaufkarriere schien beendet! Ich gehörte nicht mehr zu den Jüngsten, also Schluss. Für mich war das eine herbe Enttäuschung, so hatte ich mir mein Karriereende nicht vorgestellt.

Heinz-Ulrich hatte es mit seiner Partnerin geschafft, sie hatten das Ticket nach Innsbruck gelöst. Aber nach dem olympischen Wettkampf beendete seine Partnerin ihre sportliche Karriere, und damit bot sich mir die Möglichkeit, es im Paarlauf, gemeinsam mit Heinz-Ulrich, zu versuchen.

Viele Menschen in unserer Umgebung belächelten diesen Plan und gaben ihm keine große Chance. Wir aber begannen mit Ehrgeiz und viel Fleiß zu trainieren, um unsere Kritiker vom Gegenteil zu überzeugen.

Unsere Arbeit trug Früchte, wir durften 1966 zu den Europameisterschaften fahren. Und damit begann auch die Bekanntschaft mit Heinz Florian Oertel, die sich immer mehr zu einer Freundschaft entwickelte.

Es war für uns angenehm, den erfolgreichen Sportreporter zu kennen, der mit seinem umfangreichen Wissen, seiner Eleganz und Ausstrahlung das Eiskunstlaufen sehr bereicherte. Das Flair im Eiskunstlaufen hatte auch für ihn seinen besonderen Reiz. So liebte er in dieser Zeit die immer besser werdende Gaby Seyfert und ließ sich vom Eiskunstlaufen faszinieren. Leider kam es nie dazu, ich hätte es mir so

Kür bei den EM 1968 in Västeras (Schweden)

gewünscht, dass er den Fernsehzuschauern zugerufen hätte: »Nennen Sie ihre Töchter Heidemarie«!

Unsere Zeit als Paarläufer ging erfolgreich zu Ende, wir gewannen bei Welt- und Europameisterschaften insgesamt vier Bronzemedaillen.

Wir hatten immer engen Kontakt zu Heinz Florian und tauschten uns regelmäßig intensiv über unsere Sportart aus. Das Paarlaufen hat sich rasant weiterentwickelt, es sind viele neue Elemente hinzugekommen. Auch Heinz Florian musste weiterlernen, um seine große fachliche Kompetenz zu behalten. Er erkundigte sich stets bei Fachleuten und ließ sich alles genau erklären. Welcher Sportreporter macht so etwas noch? Seine Kommentare zeugten weiterhin von großem Sachverständnis, und er war immer mit dem Herzen dabei, nicht nur beim Sieg – auch in der Niederlage!

Der Sport war und ist für Heinz Florian Herzenssache, seine Emotionen waren mitreißend!

Wir sagen Dir »Danke« und sind stolz, Dich zu kennen.

Alles, alles Gute!

Joachim Streich

Oberliga-Rekordtorschütze mit 229 Toren. Rekordnationalspieler mit 102 Länderspielen. Länderspiel-Rekordschütze mit 55 Treffern. Bronzemedaille beim olympischen Fußballturnier 1972

Hallo Heinz Florian, dass ich Dir hier zu Deinem 85. gratulieren darf, macht mich irgendwie sprachlos. Einem Mann zu gratulieren, der von siebzehn Olympischen Spielen, acht Fußballweltmeisterschaften und vielen anderen Großereignissen berichtet hat, fällt mir schwer ... Du hast ja meine sportliche Laufbahn fast komplett begleitet. Da waren nicht nur die Olympischen Spiele 1972 in München, die Weltmeisterschaft 1974, es waren fünfzehn lange und erfolgreiche Jahre in der Fußballnationalmannschaft und viele Spiele im Europacup. An einige Episoden erinnere ich mich sehr gern zurück: Am 3. November 1973 spielten wir zur Weltmeisterschaft-Qualifikation in Tirana gegen Albanien, die Arbeitsbedingungen waren für Dich auf Deinem Reporterplatz schwieriger als unsere auf dem Fußballfeld, weil Du nur stumme Kabel zur Verfügung hattest ... Als wir wieder auf dem Rückflug waren, hat die Besatzung der INTERFLUG-Maschine über ihr Bordmikrofon Radio DDR aus Tirana eingespielt. Dabei hörten wir den fast verzweifelten Verständigungskampf zwischen Herbert Küttner im Studio in Berlin-Adlershof und Dir im Stadion von Tirana – aus Berlin Küttner: »Wie steht es, Florian? Zwei zu eins für die DDR?« Heinz Florian: »JAAAAA!« Küttner: »Wer ist der Torschütze? Ducke?? ... Löwe?? ... Streich???« Florian: »JAAAA!« Natürlich trug das zur Erheiterung im Flieger bei, aber man ahnte, welche Schweißtropfen euch dabei auf der Stirn gestanden haben. Eine andere Episode zeigt, dass Du Dich eigentlich von keinen noch so widrigen Umständen aus der Ruhe bringen lässt. Es war am 2. April 1977, also fast ein verspäteter Aprilscherz, Weltmeisterschaft-Qualifikation auf Malta. Du solltest, um das Spiel kommentieren zu dürfen, an den Stadionbesitzer 1000 US-Dollar zahlen, was bei unseren damaligen Tagesgeld-

Als Stürmer für den FC Hansa Rostock 1974

sätzen unmöglich war. Irgendwie war es Dir aber gelungen, in einer Privatwohnung am Stadion per Telefon Deine Reportage nach Berlin zu übertragen. Dabei sollen Dich auch die Kinder des Wohnungsbesitzers »beschäftigt« haben, und viele Bekannte des Wohnungseigentümers kamen, um Dich zu bestaunen. So was hatten sie auf der Insel noch nicht erlebt! Das zeigt Deine ganze Souveränität und Dein hohes journalistisches Können, praktisch aus jeder Situation das Beste zu machen. Dafür lieben Dich Deine Fans noch heute!

Auch bei mir stehst Du unangefochten auf Platz 1 und bist der lebende Beweis für sachkundigen, fairen Journalismus, in dem der Sportler freundlich, gerecht und mit Würde behandelt wurde. Dafür möchte ich Dir hier danken und Dir weiterhin alles Gute und vor allem viel Gesundheit wünschen!

Auf dem Bild S.164 ist Joachim Streich mit dem silbernen Ehrenpokal zu sehen, den er vom englischen Fußballverband am 12. September 1984 im Wembleystadion für sein 100. Länderspiel überreicht bekam

CHRISTINE STÜBER-ERRATH

Weltmeisterin im Eiskunstlaufen 1974. Vizeweltmeisterin 1976. Europa-meisterin 1973, 1974 und 1975. Olympische Bronzemedaille in Innsbruck 1976

Als ich neun Jahre alt war und mich ein Journalist nach dem Sieg bei der Kinder- und Jugendspartakiade fragte, was ich denn einmal werden möchte, antwortete ich wie aus der Pistole geschossen: »Na, wie Sie – Reporter, da kann man viele neugierige Fragen stellen!«

Auch auf eine weitere Frage zu meinen sportlichen Zielen, kam meine Antwort ohne langes Überlegen: »Ich möchte auch mal Europameisterin werden!«

Ein Teil des Interviews ist überliefert, und ich besitze es auf DVD. Mir kommen jedes Mal Tränen der Rührung, wenn ich mich als Neunjährige so reden höre. Ein bissel stolz bin ich auch, dass das mit dem Europameistertitel wahr wurde. Sogar dreimal konnte ich den Titel holen, von 1973 bis 1975. Dass der Weltmeisterschaft-Titel 1974 dazu kam und die Bronzemedaille bei den Olympischen Spielen 1976 in Innsbruck, hätte ich mir natürlich nicht träumen lassen. Ich bin die einzige Berlinerin, die das je geschafft hat!

Ohne meine Trainerin Inge Wischnewski (verstorben 2010) wäre dieser Erfolg nicht möglich gewesen, auch nicht ohne die Unterstützung meiner Eltern, Freunde und Fans. Und ich behaupte auch, dass uns Eiskunstläufern die Journalisten geholfen haben, in der Glitzerwelt des Eiskunstlaufsports bei TV- und Radioauftritten oder Zeitungsinterviews eine gute Figur zu machen. Die Eiskunstlaufübertragungen waren zu DDR-Zeiten ein Straßenfeger. Die Kommentare von Heinz Florian Oertel hatten daran einen entscheidenden Anteil. Er verstand es, die Spannung aufzubauen und bei den Reportagen von der ersten bis zur letzten Läuferin aufschlussreiche Details zu präsentieren. Damals gab es ja keine so reichhaltigen Informationsquellen wie heute das Internet, und doch wusste HFO in jeder Hinsicht Bescheid. Die Sprünge lernte er auseinanderzuhalten. Natürlich dauerte es eine Weile, ehe er Lutz und Axel sozusagen beherrschte, aber seine Kunst bestand darin, die Kürdarbietungen durch sprachliche Glanzleistungen aufzuwerten. Die Erläuterungen der Musikauswahl interessierten den Zuschauer ebenso wie seine legendären Beschreibungen der Farbe unserer Laufkleider. Er vergaß auch nie zu erwähnen, dass meine Mutter alle meine Kostüme schneiderte. HFO schaffte es immer wieder, die Freude über eine gelungene Kür, die Bewunderung des Betrachters über die gezeigte Leistung, wirklichkeitsnah und emotional in die heimischen Wohnzimmer zu übertragen. Seine Schilderungen haben die Beliebtheit des Eiskunstlaufens zu meiner Zeit befördert. Dafür bin ich noch heute dankbar. Die Fähigkeit von HFO, die Zuschauer und Zuhörer zu begeistern, hat meinen Wunsch, einmal Reporterin zu werden, im Laufe meiner Karriere verstärkt. Zumal es ungelogen zu den Highlights einer Meisterschaft gehörte, am Reportermikrofon, beim sogenannten Siegerinterview von HFO befragt zu werden. Ich jedenfalls hatte großen Spaß daran, die Fragen zu beantworten und damit auch Grüße in die Heimat zu senden. Als ich 1974 in Zagreb zum zweiten Mal Europameisterin wurde und in München Weltmeisterin, habe ich mich voller Freude den Fragen von HFO gestellt. Wenn ich heute die oft gequälten Gesichter der Aktiven sehe, weil sie direkt nach dem Wettkampf eine Frage beantworten MÜSSEN, dann denke ich oft an meine Heiterkeit zurück, die ich bei den Interviews immer aufbrachte. Natürlich bewirkte der Charme von HFO, dass ich gern mit ihm sprach. Seine Freundlichkeit, sein Fabulieren, die Gestik und Mimik, sein unglaubliches Allgemeinwissen faszinierten mich, und ich wünschte mir insgeheim, die Menschen auch einmal mit meiner Art in ihren Bann ziehen zu können. Auf der Eisbahn gelang mir das ja schon ganz gut.

Was ich als junge Frau nicht gleich begriff, war die Wirkung der Stimmlage. HFO verstärkte jede Emotion allein mit dem Klang seiner Stimme. Seine Hochachtung vor den Leistungen von uns Sportlern war immer echt, und so authentisch kamen dann auch seine Reportagen und Interviews beim Zuschauer an.

1976 beendete ich meine Karriere. Es folgte eine schwere Zeit in meinem Leben, weil ich die Entscheidung, mit dem Sport aufzuhören, allein traf, ohne Genehmigung der Funktionäre. Ich war 19 Jahre alt und musste erleben, wie es sich anfühlt, nicht mehr erwünscht zu sein: Mein Name wurde nur noch selten genannt, wenn es um erfolgreiche DDR-Eiskunstläuferinnen ging.

Meinen Traum, das Eiskunstlaufen einmal aus der Reporterperspektive zu erleben, träumte ich trotzdem weiter. Ich absolvierte ein Volontariat beim DDR-Fernsehen und begegnete bei den unterschiedlichsten Gelegenheiten meinem Vorbild Heinz Florian Oertel: Als Praktikantin verfolgte ich mit großer Aufmerksamkeit, wie er die Überleitungen und Interviews präsentierte, z. B. in »Sport Aktuell«. Immer wieder war ich überrascht, mit welcher Lockerheit er die Live-Situationen im Studio meisterte. Unsicherheiten waren selten zu erkennen. Er konnte sich auf sein Fachwissen, seinen Charme und seine Stimme verlassen.

Ich habe HFO für seine Souveränität bewundert. Auch glaubte ich, es könne ihn nichts aus der Fassung bringen, er wäre in jeder Situation Herr der Dinge. Heute weiß ich, es handelte sich um eiserne Disziplin. Genau wie die Sportler, über die er berichtete, ist HFO ehrgeizig und zielstrebig; mit einer mittelmäßigen Leistung wäre er unzufrieden gewesen. Hohe Maßstäbe, die er auch bei seinen Kollegen anlegte.

Mit großer Ehrfurcht, aber auch voller Stolz, übernahm ich für die Sportredaktion des Berliner Rundfunks, wo HFO ja hauptamtlich arbeitete, während meines Volontariats kleinere Interviewaufträge bei Volkssportwettbewerben. Es war für mich eine Auszeichnung, im Team dabei sein zu dürfen. Schnell merkte ich, dass meine Stimme wohl eher nicht zum Reporter taugt, erst recht nicht zum Sportreporter. Das hat mir HFO so direkt nie gesagt, aber ein anderer Kollege meinte, dass ich bestimmt beim Kinderfernsehen besser aufgehoben sei. Da war ich erst einmal stocksauer.

Ich kämpfte weiter, machte Vorschläge in der Sportredaktion des DDR-Fernsehens, wie man die Übertragungen beim Eiskunstlaufen in den Pausen interessanter gestalten könnte. Zum Beispiel schlug ich

Beim Interview mit Jutta Müller und Kati Witt

vor, die Kostümbildnerin von Katarina Witt ins Studio zu bitten, um zu klären, was bei einem Eiskunstlaufkleid alles zu beachten ist.

Ich schaffte es tatsächlich, bei einigen Sportsendungen als Moderatorin eingesetzt zu werden. Wie von HFO gelernt, versuchte ich immer, mein Bestes zu geben, überlegte stets, was den Zuschauer interessieren könnte. Ich schilderte beispielsweise die Entstehung einer Kür und welche Bedeutung der Musikauswahl zukommt. Leider wurde mein Vorschlag, beim Eiskunstlaufen neben dem Reporter einen Sportler/in als Fachmann/Frau einzusetzen, damals auch von HFO nicht unterstützt. Die Zeit für diese Idee war noch nicht gekommen, aber sowohl als Sportlerin als auch in meinem Beruf habe ich erfahren, dass man vieles erreichen kann, wenn man eine Sache wirklich ernsthaft will, wenn man es mit Liebe tut und mit Begeisterung. Jedenfalls kam die Zeit, da ging der von mir als Neunjährige formulierte Traum in Erfüllung: Ich wurde bei den Weltmeisterschaften im Eiskunstlaufen 1988 in Budapest als Reporterin eingesetzt. Nach dieser Meisterschaft wollte sich Katarina Witt von ihrer aktiven Laufbahn verabschieden. Sie stand vor ihrem sechsten Weltmeister-Titelgewinn.

Mir fehlen die Worte, um zu verdeutlichen, welche Bedeutung nicht nur dieser Titel, sondern auch die Präsentation des Wettbewerbs für alle Eiskunstlauffans hatte. Nicht minder für die DDR-Politiker, denn auf wunderbare Weise wurde ja bei den Siegen der Sportler auch dem Land gehuldigt. Und Katarina Witt war besonders populär. Jedenfalls geschah etwas Unglaubliches: Neben dem Eiskunstlaufen gab es im Fernsehen noch zwei weitere besonders beliebte Fernsehereignisse, den »Kessel Buntes« und die Auszeichnung der »Fernsehlieblinge«. 1988 fand diese Ehrung im Fernsehen ausgerechnet an jenem Abend statt, an dem Katarina Witt ihre allerletzte Kür lief. Ich bin noch heute einigermaßen gerührt, wenn ich daran denke, dass HFO mir einen Tag vor der großen Kür mitteilte, dass er zurück nach Berlin reisen müsse, da er zum 16. Mal Fernsehliebling geworden sei. Was nun?

Seit diesem Abend glaube ich an Fügung. Mir wurde die Aufgabe übertragen, die Kür der Damen zu kommentieren und – wenn es so käme – anschließend das Siegerinterview mit Katarina Witt zu führen. Ich wusste sofort, dass dieser Abend mein gesamtes berufliches Leben beeinflussen würde. Natürlich war ich sehr aufgeregt und meine Stimme noch zittriger als sonst, aber ich konnte ja nicht anders, ich musste da durch. Und wie von HFO gelernt, versuchte ich mich so gut wie möglich vorzubereiten und schilderte alle Ereignisse aus meiner Sicht als ehemalige Sportlerin. Wie ich die Stunden als Reporterin überstanden habe, weiß ich nicht mehr so genau, jedenfalls kamen positive Stimmen von den Zuschauern. Aber das Siegerinterview, wie sollte das nur gehen, ohne Erfahrung, ohne Übung? Jutta Müller war nicht begeistert, Katarina schaute ziemlich kritisch. Am liebsten wäre ich im Erdboden versunken. Das Interview wurde ja live übertragen. Ich nahm allen Mut zusammen, stellte die Fragen, die ich mir als Sportlerin auch selbst so gestellt hätte, und im Nu war das »Eis gebrochen«. Als Kati dann auch noch ein paar Freudentränen vergoss, überkam mich ein Glücksgefühl. Mir war das gelungen, was ich bei meinem großen Vorbild HFO immer bewunderte – Emotionen zu wecken durch Natürlichkeit, Herzlichkeit und Begeisterung. Und das hat mich, davon bin ich überzeugt, während meiner gesamten beruflichen Karriere begleitet.

Danke, Flori!

CHRISTIANE UND FRANK WARTENBERG

Frank Wartenberg: Bronzemedaille im Weitsprung bei den Olympischen Spielen 1976 in Montreal. Christiane Wartenberg: Silbermedaille im 1500-Meter-Lauf bei den Olympischen Spielen 1980 in Moskau

Sollte es – in Anlehnung an die »Hall of Fame« berühmter Persönlichkeiten – jemals eine »Halle der Sportreporter« auf diesem Planeten geben, dann gehört ein Platz für Heinz Florian Oertel mit Sicherheit reserviert und eingerichtet! Kein Sportreporter im deutschsprachigen Raum hat mit seinen Reportagen zu den größten Sportereignissen über einen Zeitraum von 60 Jahren einen solchen stimmlichen und emotionalen Wiedererkennungswert wie Heinz Florian Oertel.

Ich selbst habe mit Herrn Oertel nie ein Wort gewechselt und konnte ihn nur aus der Ferne betrachten oder im Radio oder Fernsehen hören und sehen. Aber meine Frau als erfolgreiche Olympiateilnehmerin 1980 hatte einmal Gelegenheit, sich mit HFO zu unterhalten – in einem Transitraum auf einem Flughafen. Eventuell war es sogar vor dem Hinflug zu den 22. Olympischen Spielen in Moskau. Sie erinnert sich, dass sich HFO im Warteraum mit den Worten »Christiane, Sie!« zu ihr setzte, um sich dann zur Form der Athletin und anderem mehr zu informieren. Ich selbst konnte mich nicht für Moskau qualifizieren, aber meiner Frau vor dem Fernseher die Daumen drücken ... und den Worten von HFO lauschen. Vom Lauf habe ich damals eine Tonbandaufnahme auf meinem ZT 300 mit einem Handmikrofon vor dem Fernseher in unserer Hochhauswohnung in Halle-Neustadt gemacht. Das Tonbandgerät sowie das Band habe ich bis heute aufbewahrt. Leider hatte ich damals noch keine Filmkamera, um den Lauf sowie den O-Ton von HFO aufzunehmen. Eine unvergessliche Reportage, die mir mit viel Sachlichkeit und großem Respekt für die Leistung im Frauensport allgemein und speziell für die Läuferinnen aus der DDR, darunter auch Christiane Wartenberg-Stoll aus Prenzlau, in Erinnerung geblieben ist.

175

HFO begann mit ruhigen Worten seine Reportage, unter anderem mit dem Hinweis, dass trotz Boykotts der Spiele durch 64 Länder des Westens speziell in den Laufdisziplinen im Mittel- und Langstreckenbereich fast die gesamte Weltspitze vertreten war. Das war völlig korrekt und entsprach der Wahrheit für diese Disziplingruppe. Er stellte das Teilnehmerfeld vor und zählte die Laufzeiten und internationalen Erfolge aller Läuferinnen kurz auf. Dann der Startschuss und im Bummeltempo der ersten Runde weitere ruhige und sachbezogene Informationen von HFO für das breite Fernsehpublikum. Dabei grüßte er auch Familie, Freunde und Bekannte von Christiane Wartenberg, »der aus dem schönen Prenzlau stammenden Läuferin«, und fand auch noch liebe Worte, gerichtet an die Mutti vor dem Fernseher. Das war ein Beleg für seine umsichtige Vorbereitung und seine Notizen vom Flughafentreff mit Christiane Wartenberg, geb. Stoll, »die langjährig vom Erfolgstrainer des SCN, Walter Gladrow trainiert wurde und heute beim SC Chemie Halle von Bernd Lansky betreut wird«. Und dann ging ab Runde 2 die Post ab, sowohl auf der Laufbahn als auch bei HFOs Kommentar. Er konzentrierte sich auf das Renngeschehen und die taktischen Finessen der sowjetischen und rumänischen Läuferinnen. Mit der russischen Sprache vertraut, konnte er die Namen der Läuferinnen – wie Ljubow Smolka, Tatjana Kasankina, Nadeshda Olisarenko – fast singend dem Publikum präsentieren. Dann noch mal kurz ein Blick nach Potsdam und zu Ulrike Bruns, die bis zur dritten Runde das Feld kontrollierte und die Ellbogen breit machen musste. Es wurde um jede Position an der Spitze hart gekämpft und bis zur letzten Stadionrunde tüchtig geschupst. 400 Meter vor dem Ziel zog dann plötzlich und unerwartet meine Frau den Spurt an, zur Überraschung aller Teilnehmerinnen und auch von HFO, der bis dahin eher der Potsdamerin Ulrike Bruns eine Chance gegen die Übermacht der drei sowjetischen Läuferinnen zugetraut hatte. Jetzt war er in seinem Element, denn auf der Bahn schien sich eine Sensation anzubahnen. Sein Kommentar wurde euphorischer und mit ihm der Stolz auf die Leistungen der DDR-Läuferinnen, die in der letzten Runde mithalten konnten. Den Antritt von Christiane Wartenberg parierte nur die sowjetische Läuferin Tatjana Kasankina, die spätere Olympiasiegerin und Weltrekordhalterin. Sein Tonfall steigerte sich zusehends mit dem weiteren Rennverlauf, und er geriet aus dem Häuschen angesichts dessen, was sich da vor seinen Augen abspielte. Kasankina siegte, und Christiane Wartenberg, »die gebürtige Prenzlauerin«, so sein Hinweis an die Fernsehzuschauer, wurde nach langem Spurt zweite Siegerin und das mit einer Zeit weit unter 4 Minuten (die nach 32 Jahren noch als Deutsche Rekordzeit geführt wird!).

HFO war in seinem Element. Unvergessen seine lobenden Worte an die Läuferin Christiane Wartenberg und seine Erinnerung an die Laufschule Walter Gladrows aus Neubrandenburg. Sein Kommentar dauerte gut sechs Minuten. Was für ein Ohrenschmaus und eine Glanzleistung am Mikro!

Das waren die Stärken von HFO, die richtigen Worte zur richtigen Zeit zu finden und einem breiten Publikum zu präsentieren und dabei Sätze zu formulieren, die sich tief in die Herzen der Zuschauer einprägten.

Was ist mir weiter in Erinnerung geblieben? Durch die Regie der Bildübertragungen wurden zahlreiche Entscheidungen im schnellen Zeitraffer gesendet. Das Finale im 1500-Meter-Lauf fand am letzten Tag statt, die Spiele neigten sich dem Ende, und der grandiose Satz von HFO an die jungen Väter nach Waldemar Cierpinskis Golddoppel im Marathonlauf war noch nicht am Mikrofon ausgesprochen. Olympische Spiele sind eine lange und kräftezehrende Veranstaltung, für die Athleten und die vielen Reporter am Mikrofon gleichermaßen. Auch Reporter sind ausgepowert. Dann so ein letzter Tag mit HFO am Mikrofon im Moskauer Olympiastadion!

Die Erinnerung an die herzerfrischenden und klugen Kommentare von HFO bleibt, und so mancher hat Legendenstatus.

Danke für unvergessene Momente und beste Gesundheit für ein langes Leben wünschen

Christiane Wartenberg   Frank Wartenberg

ULRICH WEHLING

*Dreifacher Olympiasieger in der Nordischen Kombination 1972, 1976
und 1980. Weltmeister 1974. Heute Renndirektor bei der FIS*

Als ich den Anruf mit der Bitte erhielt, zum anstehenden Jubiläums-Geburtstag von Heinz Florian Oertel ein paar Zeilen zu schreiben, sagte ich spontan zu. Mein erster Gedanke war: »Mensch, ist das schon lange her!« Als Aktiver lernte ich ihn persönlich in den Interviews kennen und verfolgte selbst viele seiner Reportagen und Kommentare. Das erste Treffen mit Heinz Florian Oertel war bei den Olympischen Winterspielen 1972 in Sapporo, eventuell auch schon früher bei den Spartakiaden 1968 oder 1970. Später als 1980 aber keinesfalls, denn sportlich war zu diesem Zeitpunkt meine Karriere zu Ende. Also, was hat sich zugetragen vor zirka 40 Jahren?

Die Erinnerung an eine meiner Begegnungen mit ihm wird immer wieder durch ein Foto aufgefrischt. Das Foto zeigt ihn und mich auf der Gangway einer Interflug Maschine IL 62 bei der Rückkehr mit der Olympiamannschaft aus Sapporo, am Abend des 16. Februar 1972 am Flughafen Berlin-Schönefeld. Als einer der Ersten der Olympiamannschaft verließ ich damals die Maschine und wurde sogleich von Heinz Florian Oertel interviewt. Sofort war ich von seiner sympathischen, fairen Art mir als Sportler gegenüber enorm beeindruckt.

Die nächste Begegnung gab es wenige Tage später in Oberhof, wo gerade die Wettkämpfe der Winter-Spartakiade stattfanden. Ich war speziell wegen eines Auftritts und Interviews nach Oberhof gereist, gemeinsam mit Karl-Heinz Luck (Olympia-Dritter von Sapporo) und Eberhard Reum (er wurde in dieser Zeit Spartakiadesieger und später Team-Kollege in der Auswahlmannschaft). Hier sind die Erinnerungen an das Interview mit Heinz Florian Oertel weniger lebhaft. Vielmehr gewann im Verlauf des Tages der immer dichter werdende Nebel in Oberhof an Bedeutung, so dass die Angst umging, den Weg nach Hause nicht zu mehr zu finden.

Wenn ich die Erlebnisse meiner vergangenen Arbeitsjahre beim Internationalen Skiverband Revue passieren lasse, muss ich sagen, dass sich die Zusammenarbeit mit den Medien und die Arbeit der Medien selbst sehr verändert haben. Heutzutage sind die Athleten fast zu jeder Zeit und in jeder Situation bereit, sich den Fragen der Fernsehreporter und Pressevertreter zu stellen. An der Schanze nach jedem Sprung, verfolgt von Kameras bis hinein in den Wachs- und Umkleidebereich, und selbst auf dem Anlaufturm sind Kameras montiert, die die letzte Phase der sich vorbereitenden Nordischen Kombinierer beobachten. Um den Sportreportern den »Stoff« zu geben, die Wettkämpfer einzuschätzen und den Wettkampfverlauf zu kommentieren, sind im Schanzengelände und auf der Langlaufstrecke unzählige Kameras positioniert. Kaum ist die sportliche Leistung eingefangen, steht schon die nächste »Horde« bereit, um Echtzeitinformationen zu bekommen.

Die Sieger-Pressekonferenz und vor allem die individuell geführten Gespräche mit den TV- und Presseleuten geben der Berichterstattung den letzten Schliff.

Zu meiner Zeit kann von Presserummel keine Rede gewesen sein, denn alles war ein wenig ruhiger. Als Akteur konnte ich den Übertragungen nicht selbst beiwohnen, Wiederholungen waren unüblich. Nur das Publikum und die Sportreporter kamen in den Genuss, den Kommentaren meiner absolvierten Wettkämpfe zu folgen.

Heinz Florian Oertel zählt für mich zu den erfolgreichsten Teilnehmern des Sportgeschehens: Nur HFO kann von sich behaupten, so zahlreiche Sportarten, Wettkämpfe und andere sportliche Höhepunkte, darunter 17 Olympische Spiele, in seiner pointenreichen Art und Weise kommentiert zu haben. Ich glaube, HFO war mehr von den künstlerischen Sportarten – im Winter vorrangig Eiskunstlauf – angetan, aber letztendlich hat er jedes sportliche Ereignis mit bildreichen Einfällen zu einem Erlebnis gestaltet.

Nicht zuletzt ist für mich dieser eine, wohl legendäre Kommentar unvergessen, den Heinz Florian Oertel begeistert über den zweiten Sieg von Waldemar Cierpinski, bei den Olympischen Sommerspielen

DDR-Meisterschaften in Klingenthal

in Moskau 1980, seinen Zuschauern in das Mikrofon rief: »Liebe junge Väter oder angehende, haben Sie Mut! Nennen Sie Ihre Neuankömmlinge des heutigen Tages ruhig Waldemar! Waldemar ist da!« Dies hatte keine unbedeutende Auswirkung auf die Popularität von Waldemar und wenige Wochen später auf die alljährliche Sportlerumfrage der »Jungen Welt«. Das Ergebnis der Umfrage, bei der ich – nach dem Gewinner Waldemar Cierpinski – einen ausgezeichneten 2. Platz belegen konnte, überraschte selbst Waldemar und seinen Trainer. Beide kamen nach der Auszeichnung auf mich zu und entschuldigten sich schon fast, dass ich nur Zweiter geworden war. Ich nahm es sportlich und konnte meine Leistung auch ohne den 1. Platz bei dieser besonderen Umfrage einschätzen.

Sehr geehrter Heinz Florian Oertel, Dank für Ihr unermüdliches und wortgewandtes Engagement in der gesamten Sportwelt! Alles Gute zum 85.!

182

FALKO WEISSPFLOG

*1976 Skiflugweltrekord auf der Heini-Klopfer-Skiflugschanze in Oberst-
dorf. Bronzemedaille auf der Großschanze bei den Nordischen Skiweltmeisterschaften 1978*

Lieber Heinz Florian,

wir haben uns das letzte Mal 2002 in Chemnitz gesehen – Du hast
Dein Olympiabuch »Salt Lake City 2002« vorgestellt, Wolfgang Beh-
rendt war mit seiner Trompete dabei, und auch Jutta Müller war da.
Nach der Veranstaltung reihte auch ich mich in die lange Schlange der
Autogrammsammler ein und wartete geduldig, bis ich vor Dir stand.
Als ich Dir meinen Namen für die Unterschrift sagte, sprangst Du auf,
wir haben uns lange die Hände geschüttelt, und ich schenkte Dir eine
Videokassette.

Hast Du sie Dir denn inzwischen einmal angesehen?

Auf der Kassette sind mein Weltrekordflug 1976 in Oberstdorf mit
Deinem Originalkommentar und mein Weltmeisterschaft-Sprung
1978 in Lahti, wo ich Bronze gewann und den Du kommentiertest:
»Sehr gut, Falko ... Hut ab, Falko ...« Ein ganz besonderer Kommentar aber stammt von Deinem österreichischen Kollegen Eddy Finger
sen. Er kommentierte 1978 das Abschlussspringen der Vierschanzentournee in Bischofshofen für das österreichische Fernsehen und
sagt zu meinem Sprung: »Der Überflieger aus der DDR – Falko
Weißpflog ...«

Das hörte und sah in einem Hotelzimmer der Musiker Johann Höl-
zel, der auf der Suche nach einem Künstlernamen war. Ihm gefiel der
Name so gut, dass er sich fortan »Falco« nannte.

Ich hatte davon keine Ahnung – bis zum Februar 1979. Damals war
die Langlaufnationalmannschaft der Damen in Schweden, und sie
haben sich dort, verbotenerweise, eine »BRAVO« gekauft. In der Fe-
bruarausgabe stand diese Geschichte. Nun stürzten sich die österreichischen Medien auf die Story. Ganz verrückt wurde es nach Falcos

Bei den DDR-Meisterschaften 1977 in Oberwiesenthal

Riesenhit »Der Kommissar«. Von nun an wurde ich von den österreichischen Skispringern immer mit »Kommissar Falko« begrüßt.

Um die Welt ging die Geschichte, nachdem der Sänger 1982 in der TV-Sendung »Auf los geht's los« zu Gast war. Moderator Blacky Fuchsberger fragte, woher der Name »Falco« stamme, zur Auswahl standen der Beruf Falkner und ein DDR-Skispringer. Falco bestätigte in dieser Sendung, dass er sich nach einem DDR-Skispringer, nämlich nach mir, benannt hatte. Diese ganze verrückte Geschichte, Heinz Florian, ist auf dieser Videokassette.

Unsere Zusammenkünfte waren da eher unspektakulär, aber sie waren immer ein Highlight für mich, denn kein Moderator oder Kommentator war menschlich und fachlich so »Spitze« wie Du!

Ich möchte Dir zu Deinem Jubiläum gratulieren, alles Gute, vor allem Gesundheit wünschen und hoffe, dass sich unsere Wege mal wieder kreuzen!

Manfred Wolke

*1967 und 1971 Vize-Europameister im Weltergewicht. 1968 Goldme-
daille bei den Olympischen Spielen in Mexiko. Erfolgstrainer von Henri
Maske und Axel Schulz*

Die Stimme des Ostsports zwischen Goldrausch und Volksläufen

Heinz Florian Oertel, das ist für mich nicht nur der Name eines beliebten deutschen Sportreporters mit einer unglaublich einprägsamen
Stimme. Ich bin als Boxer ein sachlicher Mann. Übertreibungen sind
mir fremd. Lieber Florian, Deine Reportagen aber haben mich immer
fasziniert. Genau genommen warst du die Stimme des DDR-Sports
für mich. Ich habe als Junge mit Tränen in den Augen vor dem Radio
gesessen, als du nach einem Friedensfahrt-Sieg Täve Schurs aus voller Brust am Mikrofon gesungen hast: »Hoch soll er leben!« Ich habe
Deinen Fußball-Reportagen gelauscht und habe nicht gemosert, wenn
meine Frau Brigitte Eiskunstlaufen mit Gaby Seyfert, Jan Hoffmann
oder später mit Kati Witt sehen wollte. Deine fachliche Kompetenz hat
mir als Boxer auch diese Sportart nähergebracht. Obwohl ich nicht an
der Spree, sondern an der Oder wohne, waren Deine Sendungen »He,
he, he, Sport an der Spree« oder »Sonntagmorgen in Spree-Athen« bei
uns zu Hause Pflicht.

Ich fühlte mich übrigens an Deiner Seite keineswegs unsicher, als
du mich nach meinem Olympiasieg in Mexiko-City interviewt hast.
Es gehört zu meinem schönen Erinnerungen, dass ich bei Dir in der
Sendung »Porträt per Telefon« zu Gast sein durfte.

Du feierst den 85. Geburtstag und gibst immer noch die Olympiabü-
cher, wie gerade wieder das Werk über die Spiele von London, heraus.
Alle Achtung. Das verdient Respekt. Ich habe Dich aber nicht nur wegen Deiner tollen Reportagen von den Weltsport-Ereignissen oder
den Fußball-Länderspielen bis hin zur Vierschanzen-Tournee bewundert. Für mich bist du auch deshalb ein Großer unter den Sport-

Manfred Wolke beim Internationalen Chemie-Pokalturnier in Halle 1972

journalisten, weil der Sport für Dich nicht nur Goldglanz und persönliche Popularität bedeutet. Du hast Dich auch unters Volk gemischt. Den Neujahrslauf in Berlin hast du zu einem Massenlauf hochgepowert. In Deinen Sendungen kam der Wettbewerb »Stärkster Lehrling der DDR« ebenso vor wie der bei unseren damaligen Sportoberen gar nicht sonderlich gelittene »Rennsteiglauf«.

Natürlich sind mir Deine Wortschöpfungen vom Tartan-Elch über den Finnen Lasse Virén oder die »Waldemar-Empfehlung« nach Cierpinskis Marathon-Olympiasieg 1980 in Erinnerung. Du hast auch bei Deinen Kolumnen in der »Berliner Zeitung« zu DDR-Zeiten nie ein Blatt vor den Mund genommen. Und zum Glück tust du das auch heute nicht. Deine Bücher wie »Halleluja für Heuchler« oder »Pfui Teu-

Gold bei den Olympischen Spielen in Mexiko 1968 gegen Joseph Bessala (Kamerun)

fel« halten unserer Gesellschaft den Spiegel vor. Du triffst darin das Seelenleben und die Befindlichkeiten von uns Ossis ziemlich genau und zeigst, dass die Bemühungen um die innere Einheit auch weiterhin besonderer Aufmerksamkeit bedürfen – und das wahrlich nicht nur im Osten.

Glückwunsch, Florian, und noch viele schöne Jahre,
Dein alter Fan Manfred Wolke

Erika Zuchold

Vier olympische Silbermedaillen und eine Bronzemedaille im Turnen.
1970 Weltmeisterin im Pferdsprung und am Balken sowie Vizewelt-
meisterin im Mehrkampf. 1970 »Sportlerin des Jahres«

Heinz Florian Oertel kenne ich schon sehr lange. Anfangs bin ich ihm ehrfurchtsvoll und sehr zurückhaltend begegnet, aber durch seine freundliche Art hat er immer eine lockere Atmosphäre geschaffen und es mir dadurch leicht gemacht.

Bereits als Kind war ich von seinen Reportagen begeistert und bewunderte ihn dafür. Persönlich kennengelernt habe ich Heinz Florian 1965 in meinem Heimatort Lucka. Wir Turnerinnen machten dort ein Schauturnen, und Heinz Florian kommentierte es. Dabei kannte er die einzelnen Elemente nicht, aber das fiel bei seiner blumigen, emotionalen Schilderung überhaupt nicht auf. Wir haben uns bei den verschiedensten Veranstaltungen immer wieder getroffen, und jedes Mal galt sein Interesse auch meinem Ehemann Dieter, den er als ehemaligen Radsportler aus der Lausitz bestens kannte.

Nach meiner turnerischen Laufbahn habe ich mich für eine künstlerische entschieden, konnte mich als Malerin und Bildhauerin verwirklichen und habe auch immer wieder sportliche Themen aufgegriffen. Ich habe mich oft gefragt, warum Heinz Florian seine musischen Seiten nicht verfolgt hat. Er hatte doch in seinen TV-Sendungen wie »Schlager einer kleinen Stadt« beziehungsweise »Schlager einer großen Stadt« auch gesungen – schade, dass er diese Seite seines Talents nicht weiter gepflegt hat. Wer weiß, was uns, die er mit seinen Reportagen und Moderationen begeisterte, auf diesem Gebiet entgangen ist?!

Wir wünschen Heinz Florian einen wundervollen 85. Geburtstag, Gesundheit und noch viele freudvolle Mußestunden.

Deine Zucholds

Bildnachweis

Manfred Gößinger (Porträts: 18, 20, 24, 28, 34, 36, 40, 44, 50, 54, 60, 64, 68, 72, 76, 84, 90, 94, 102, 106, 110, 114, 118, 122, 128, 132, 136, 142, 146, 150, 152, 154, 156, 160, 164, 174, 178, 182, 190; 22, 104 unten); picture alliance (14 Zentralbild/Stefan Thomas; 34 dpa/ Torsten George; 38 Zentralbild; 63 Zentralbild/Peer Grimm; 83 dpa/EPU Oly Ojala; 158 dpa/Zentralbild/Hanns-Peter Beyer; 186 Zentralbild/Patrick Pleul; 186 dpa/ Zentralbild/Hanns-Peter Beyer); ullstein-bild (126); Wolfgang Behrendt (16); Eberhard Thonfeldt (108) sowie Archiv Volker Kluge.

Wir danken den Sportlern, die uns Fotos aus ihren Privatarchiven zur Verfügung gestellt haben. In diesen Fällen war es nicht möglich, alle Urheber zu ermitteln. Berechtigte Honoraransprüche bleiben gewahrt.

Foto auf S. 2: Heinz Florian Oertel beim Siegerinterview mit Christine Errath bei den Europameisterschaften 1974 in Zagreb

ISBN 978-3-360-02151-9

© 2012 Verlag Das Neue Berlin, Berlin
Umschlaggestaltung: Verlag, unter Verwendung
eines Fotos von Manfred Gößinger
Druck und Bindung: Salzland Druck, Staßfurt

Ein Verlagsverzeichnis schicken wir Ihnen gern:
Das Neue Berlin Verlagsgesellschaft mbH
Neue Grünstraße 18, 10179 Berlin
Tel. 01805 / 30 99 99 (0,14 €/Min., Mobil max. 0,42 €/Min.)

Die Bücher des Verlags Das Neue Berlin
erscheinen in der Eulenspiegel Verlagsgruppe.

www.eulenspiegel-verlagsgruppe.de